不動産営業マンはつらいよ

不動産営業マンはつらいよ

まえがき

はじめまして。全宅ツイのあくのふどうさんと申します。この度、全宅ツイ本全6巻の中から、読後もっとも元気がなくなるであろう「不動産営業マンはつらいよ」を手に取って頂き誠にありがとうございます。

つらい不動産営業マンを語る前に私が体験した、ここ20年の概要について少しだけ説明させてください。平成バブルが崩壊後、本邦の労働環境は本当にロクなものではありません。そもそもマクロがまずい。人口減で縮小してゆくマーケット、増大する社会保障費、リーマンショック前は一瞬良かったのですが、海の向こうで大きな銀行が爆発して市場はスカスカ、その後円高が進行し、原発から放射能は漏れるし、まあ何より労働者の可処分所得がまったく上がっていません。なんか、いつもお金ないですよね。アベノミクスでちょっと盛り返してるけど、ホントに直近20年働いて良いことは殆どなかった気がします。

また、ちょうどこの不動産底辺ツラい本が正気とは思えない価格で本屋に並ぶ頃、消費税は10%になっている事でしょう。最近社会にデビューした若い皆さんにとって、本邦は明るい要素が1

ミリも垣間見えない老いた夕方の国に見えるのではないかと思います。私もそう感じています。

ただ、あなたの人間関係の半径からすこしだけ視点を伸ばしてください。政治の話題を一日に何回もポストする裕福そうな老人、年収1000万円をイキる若者、説教おじさん、私の女論を語るアイコン芸能人BBA、一旦それらアカウントを全てミュートしてください。タイムラインの最下層。食べ終えたラーメンの底に残ったちぎれた麺のカス。そこに私達最底辺の不動産営業マンがいます。

一般的に不動産業者はド派手に稼いで湯水のようにお金を夜の街で散財すると思われていますが、それは能力が高いひと握りの有力者だけです。サニーサイドを夢見て努力し続けたものだけの1%の場所です。(平民とは常に努力したくない存在だと言われています…。) 残りの99%は大体会社に行きたくないのです。

何でかって?このカス本を読んでみてください。不動産業界の下の方のコンプラ遵守具合がわかります。知ってました?コンプラが崩壊した世界ってみんな事務所に来なくなるので雇用の流動性が高まるんですよ。高速で回転してるけど。

第二次世界大戦の頃、ドイツがスターリングラードに侵攻した際、祖国を守るため、ソビエトは大量の若者をヴォルガ河の西岸へ送り出しました。当初、兵士に渡された銃は3人に1丁、弾は50発だったと聞いています。彼らはまともな訓練もせず銃火の最前線に送られました。最前線の士官は兵士に前進するよう命令し、そして伝えます。

「この機関銃は貴様らを支援するためじゃない。立ち止まったり逃げるやつの背中が標的だ。前進しろ！」

ここには栄光なき不動産営業マンの最下層ぶりが若干の誇張を交えつつリアルに記録されています。不動産投資本にあるような「お宝不動産で億万長者」「幸せな不動産投資論」みたいなゴミセミナー仕様の気持ちの良くなるメッセージは1ミリもありません。我々はM-1で優勝するまで辞められない芸人と同じ構造です。そんな陽が当たらない能力の低い不動産芸人が何とか成功への糸にしがみついたものの、プツンっと切れる様を克明に記録しました。もう諦めてスーパーでレジ打てばいいのに、ね。

そんな糸の切れた彼らに黒くて強い光をあてました。

願わくば最後まで読み通していただければ幸いです。

第1章

つらい不動産営業マンたちのつぶやき

part1

『不動産営業マンはつらいよ』豪華解説陣紹介

家族のことも忘れ、プライベートも捨て、身を粉にして24時間戦う不動産営業マンたち。しかし、24時間戦い続けていながら、結果が伴わないことが多いのが不動産営業マンのあるあるだ。ここでは「#不動産営業マンはつらいよ」に投稿された珠玉の〝つらい〟ツイートをピックアップ。全宅ツイメンバーによる解説（になっているのか？）とともに紹介していきます！

あくのふどうさん

@yellowsheep

カレーライス、海苔、お汁、500円玉、出川哲郎、北野武、吉田松陰、MVRDV、ゴッドタン、Solomun、DJ MOE、多重債務力420M、変動金利35年、パルプフィクション、素肌と下着のハーモニーが好きな悪徳不動産ブローカー。外国人の彼女がいたが、どうやら海外に彼氏がいることが発覚。

はと ようすけ

@jounetu2sen

賃貸仲介、売買の仲介をメインに行うリテール系の会社を数社渡り歩き、今は同じくリテール系会社2年目。役職的には課長なんですけど、部下は無し（笑）。偉そうに見せるための名ばかり管理職。最近2万円で輪転機買いました。休みの日はポスティングしてます。

リチャードホール

@okirerebc

買付トゥース。法人仲介やってます。手数料はすぐ切るタイプのブローカー。自己所有の不動産に住んでいるが、家を建てるときに勤め先のメインバンクが一切お金を貸してくれなかったとか。人妻幸子。さん命です。全宅ツイ関西支部。

かずお君
@kazuo57
元々は中堅デベロッパーで不動産流動化の部署で働いていたが、会社が銀座で物件をバンバン買っていたため、リーマンショックで数百億クラスの負債を残して華々しくブッ飛ぶ。ちなみにそのうちの4割程度が自身の関わってた案件だったそう（笑）。現在は事業会社の不動産部に勤務し筋トレしかしてない。

峰 不二夫（ツーブロちゃん）
@ebimank
会いに行けるかもしれない不動産レディ。前職はバンドマン兼セクシャルマイノリティに向けたソーシャルネットワークの運営で、現職はリテールで個人向けの営業。都内を中心に底借、相続、離婚案件などを取り扱い夫の財産を狙うセックスレスの峰不二子。

野球くん
@unoubaseball
現在は老舗の地主企業に勤務し、基本的にカウンターで「ぼぉ〜」っとしている。会社の賃料収入のほぼすべてが駐車場のため、完璧にぬるま湯に浸っている。野球好き。

あくのふどうさん（以下あくの）：ハッシュタグ「#不動産営業マンはつらいよ」には、全国各地の営業マンからさまざまなエピソードが寄せられました。「つらさ」にもさまざまなジャンルがありますが、まずはわかりやすいところからいきましょうか。

固定されたツイート

ぷん太 @55openman

かわいがっていた部下が上司になり、その日から
僕のことを「おめぇよぉ」と呼び始めました。

#不動産営業マンはつらいよ

かずお君（以下かずお）：つらいすね。部下に目をかけて、課長にしてやって、隣の課になるけど、そっちが破竹の勢いで数字上げてく、みたいなパターンだ。

あくの：不動産世界にありがちなレポーティングライン（決裁経路）が変わりすぎるやつ。でも、こんなになるって、よっぽど溜まってたのかも。

リチャードホール（以下リチャホ）：実力社会特有の現象ですね。

峰　不二夫（ツーブロちゃん）（以下ツーブロ）：この業界、数字が人格すぎるから…。

かずお：部下が直の上司になることってあるんですか？

ツーブロ：弊社はないです。役職問わず社歴が全てという体育会系なところがあります。

下克上はあるけど、まだ人権は守られていますね。

リチャホ：うちはあるけど敬語だなぁ。

あくの：大体、上まくっても敬語ですよね。敬語だけど数字には厳しいケースがほとんど。

かずお：だんだんタメ口っぽくなっていく、みたいな感じかな。徐々に試していく。

あくの：いや、唐突じゃないですか。

リチャホ：教育担当だった人に「忙しいから物件見て調査行ってください」って言うことはあります。

ツーブロ：それはありますね。こっちは数字やってるんだから暇なら手伝って欲しいって気持ちはふつふつと出ちゃう。

はと　ようすけ（以下はと）：リテール（個人向けの仲介）だと役職変わった当日とかにこ

ういうことやる奴もいます。今まで詰められてたのに、役職変わった瞬間に「てめぇ、ミーティングな。こんな見込みじゃ売れねーよ!!」といきなり見込みノート投げる後輩。

かずお：すごい。

ツーブロ：下克上半端ない。

あくの：ブーメラン巨大すぎる。草原まで運べない。

リチャホ：膝の関節とれちゃう。

ツーブロ：それ、その人がまた落ちたりしたらどうなるんです？

はと：もちろん戻るけど、戦場に年下年上関係ないんすよ。

かずお：ぼくがいたデベだと、ごぼう抜きで役員とかになっても敬語使ってますね。結局一人でやる仕事じゃないんで。関係悪くして得になることない。

リチャホ：かずおさんに同じくです。

ツーブロ：同じく。

はと：リテールは反響から引き渡しまで一人でやるものだから、法人相手の業界とはちょっと違いがあるのかもしれません。仕事中は年上をタメ口で呼んでも、業務後は敬語ってケースもあります。

あくの：いきなりつらくなったところで次はこれです。

固定されたツイート

5fret(ごふれっと)くん @5fret

コンプラ意識の低い人たちの方が、いい時計をしている業界で働いています。

#不動産営業マンはつらいよ

リチャホ：あるある。うちの会社でバケモンみたいなパネライしてる人、「パネ野郎」って呼ばれてます。

あくの：みなさんはどんなお時計を装着されてるんですか…？

はと：僕はしてません。

リチャホ：私は恐縮ながらロレックスを…。やっと分割で払い終えました。

野球くん（以下野球）：１００均みたいなカシオをたまにです。時間が知りたい日に。

ツーブロ：いつでもキャンプに行けるようGショックです。

はと：みんなしてるんだ…。あ、僕もぷん太くんから頂いたフランク三浦を大事な商談時につけてる。成約率高いです。

あくの：（いい時計してないつらい営業マン

や…）

はと：ブレーキぶっ壊れた奴の方が解約やトラブル多くても契約も残しますよね（誘導する営業力ある。

ツーブロ：いい時計してる人って業者からキックバック（ＫＢ）貰ってる人が多いイメージあります。

はと：なんでＫＢマンはこれ見よがしに時計買っちゃうんすかね？

あくの：君たち「俺たちはＫＢもらってないぞ！」って叫んでる？

ツーブロ：もらってない！

はと：俺も。ＫＢあったらもっと裕福すよ！

ツーブロ：ＫＢあったら野宿しない！布団で寝たい！

リチャホ：ＫＢあったら部屋２畳じゃない。

野球：みんな清廉潔白だ。●ルデンシャルは堂々と保険料から抜いて時計を買っているのに！

あくの：時計欲しいからＫＢしちゃうのかな。

ツーブロ：バレるじゃないですか…。

リチャホ：バレても問題ない倫理観の会社だったらいいのかも。給料で買えるわけない時計をしている社員が賞賛されたり。ギラギラしてるほうがいいのかな。ＫＢってクセになると目の奥が￥￥になりますからね。

はと：ＫＢした奴って契約してないのに金遣い荒くなって自慢してくるんすよ。

ツーブロ：最初は「いくらでもいいんで、出ませんか？」くらい慎ましやかだったのに、最近は「指した分の７割な。いけるっしょ？」ぐらいカジュアルに求めてくる仲介さんが私のメイン情報元です。私がモンスターに育ててしまったのかもしれない。

あくの：無法者すぎる。

はと：基本給20万、歩合15万、ＫＢ１００とかバランスおかしい。建築条件なし土地なのに、ＫＢ出る自分指定の工務店をやたらと褒めるスタイルの営業マンもいます。

あくの：同じ解体業者ばかり指定している、ふどうさんはんばいのトップ営業マンとか。

はと：昔のＦＲＫ（不動産経営流通協会）加盟のある会社は、ＫＢ一番貰える業者におろしてて年収７００、ＫＢ２０００とか頭おかしい感じになってました。

リチャホ：知り合いの業者にも解体屋が２週間に１回忘れ物を届けに来てました。

ツーブロ：三為屋さんとかすごいみたいですね。１４００万円で売って３０００万円で抵当つけられたやつ。利益の半分はＫＢだって。

はと：「ある司法書士事務所は見積もり10万オンしてＫＢするから仕事くれ」と熱心に営業きます。熱意ある。

あくの：これ以上掲載できない。次いこう。

固定されたツイート

かずお君 @kazuo57

娘と見合いしてみないかって言われそうな気配を敏感に察知して自分の彼女の話をさりげなく始める。

#不動産営業マンはつらいよ

あくの：これは高貴なお悩み。

はと：地主系？

かずお：地主は地雷。だいたいこういうのは女系一家。

リチャホ：これはつらくないんじゃ…。

ツーブロ：私も女社長に気に入ってもらって、年末一緒にご飯に行ったんですが「もう一人来るから！」ってその後ナチュラルに娘さんが来ました。1件目終わったら「あとは若いもんで」って5万円渡されて日暮里に放り出されました。後のことを考えたらさすがに何もできない。

かずお：そこまでいったらあかん！　その前にうまく回避しないと。やらずに帰してもプライド傷つけるし。

はと：でも5万円いいな。

リチャホ：5万円いいっすよね。
かずお：僕の場合は、帝国ホテルのディナー券をもらって、「（娘を）連れてってやってー」ってのがあった。
ツーブロ：連れていったんですか？
かずお：いった…。けど、娘には母ちゃんに言ってない彼氏がいて、「なーんだ」ってなった。
リチャホ：取引先の女性と飲む時、「指輪外して来て」って言われたのはありました。
かずお：ブローカーの先輩は「嫁さんに地主宅に付け届けさせろ！信頼が生まれる！」って言ってたな。
はと：みんないい話があって羨ましい。
ツーブロ：お客様の娘さん、って距離感難しいですよね。
かずお：ツーブロさんは地主の娘と結婚してるじゃん。
ツーブロ：あ、してた！
あくの：ちなみに、ツーブロさんは時が戻っても、今の奥さんと結婚しますか？
ツーブロ：人はみな運命の奴隷なので…。
あくの：殴るぞ。

固定されたツイート

ひーちゃん

『ほな、宜しく！』
と言って地主はフランクにケツを触る。
『怒られてたなー。飲み行く？』
同期は頭ポンポンする。
四方八方【俺ならいけるやろ？】という根拠の無い自信に満ちた女好きしかおらん。
流して躱してでも可愛いくして通したい話は笑顔でぶっ刺す。

#不動産営業マンはつらいよ

あくの：職場や現場周辺での女性との距離感ですね。これ本来は非常にセンシティブなはずなんですけど…。

野球：仲介で女性案内してそのままやった後輩、いま議員やってます。

かずお：その新築販売のノリで法人来て、女の子口説いて総スカンを食らう先輩。

はと：めちゃくちゃ朝から詰められて、その後職場抜けて早朝ソープ行った話を同僚に聞かされたことがあります。

あくの：詰められたあとに行くソープってどんな具合なの？

はと：スッキリしたみたいです。

ツーブロ：悔しさでギンギンに勃ちそうですね。

リチャホ：悪いことあったらすぐメンエス行

きます。

はと：オープンルーム中に暇だから彼女呼んでS●Xしたパイセン元気かな？

かずお：スナックでママと喧嘩してテーブルに登って脱糞した先輩ならいます。

野球：女の先輩にカラオケで脱がされてケツの穴にガム詰められたりする後輩よく見てました。

あくの：もうダメだ。掲載できない。次！

固定されたツイート

STEP☆MAN @kuso_fudousanya

一銭も稼がない無能な管理部門所属社員やら、事務を全くしない事務員たちから、何故か見下されてる

#不動産営業マンはつらいよ

あくの：つらい営業マンはバックオフィスからもなじられてる模様。

はと：わかるｗｗｗ。事務員に馬鹿にされても言い返せないｗｗｗ。

リチャホ：うちの会社だ。お菓子渡さないとコピーもしてくれない。僕より固定給が高いのに。

はと：Ｙａｈｏｏ！ 一日中見てるのにアットホーム物件入力５件お願いしたら、「できたらやります」って言われて数日かかった事があります。

ツーブロ：私も事務の子から「ツーブロさんてこんなもんなんですか？」って言われる日々です。契約が続けば提出書類が増えて当たり前なのに、「お前は書類もまとめられないの？」って。土日で４件、１０００万やったのになんでそんなこと言われなきゃいけないの？「私がいないと領収書出ないいんですよ？」ってじゃあいらねーよ！

はと：あいつら午後、夢遊病のようにデパートに５時間くらい備品買いに行って帰ってこないんですよ。だいたい役職が夜の店でスカウトしてくるんだけど。

ツーブロ：庶務さんと仲良くしないと全然仕事進まなかった。お前、仕事中にパソコンで上野動物園のパンダのライブカメラ見てるだけじゃねーか！

はと：俺がポンコツだから。事務員のワガママっぷりはヤバイ。

あくの：営業マンって賞味期限あると思われてるのかな？

リチャホ：私の売上がスタッフのボーナスに

繋がるので、ある日を境に「おめでとう！」から「ありがとっ」になりました。

ツーブロ：普通はリチャホさんのとこみたくなるんだけどなぁ。社内営業が1番苦手です。

リチャホ：でもその「ありがとっ」も愛想なくて。

あくの：やっぱり人間の敵は人間なのかな…。

ツーブロ：お金扱うってだけで気持ちが大きくなっちゃう人が多いイメージ。契約している人が1番偉いって聞いていたのに、手数料の領収書を出す事務が1番偉かった…。

リチャホ：高い印紙貼る人だ。

はと：あいつら基本的に営業舐めてるんだけど、中でも役職が部下を詰めるから下っ端のこと特に舐めてくるんすよ。

あくの：会社が危機になると最初に営業切られますもんね。

はと：動物園すよ。役職も事務員にいいところ見せたくて詰めてくるし、なんならデキてるし。営業にゴリラがいすぎて、調教師レベルの強さにならなきゃいけない事務もいますけどね。

ツーブロ：どっちもどっち。頭おかしいもの同士が集まってるから仕方がないのかな、と思うこともあります。

あくの：皆さんの人権の無さが深刻になってきたんで次いっていいですか…。

固定されたツイート

☎1Rテッタ☎ @tetadate

数字達成してない、粘りがある生物の退職までの流れ。
【1ヶ月目】人権が剥奪され、人間から生物扱いへ。
【2ヶ月目】メシ抜き、売れない奴というレッテル貼り、唇の色が紫になる、負のループに陥りますます成約まで遠くなる
【3ヶ月目】（オメーいらね）クビになる。

#不動産営業マンはつらいよ

あくの：ひどくないすか。

リチャホ：唇パープルやばい。

あくの：これ続けるの精神やられるなー。

はと：販売系なら仕方ない。

リチャホ：早くクビにしてあげたほうがその人のためです。向いてないんだ。

ツーブロ：部長「あれ？お前誰だっけ!? 契約表に名前ねーから忘れちまったよ！ 新しいチラシ配りの人ですかー？ ｗｗｗ」

はと：入社まではあんなに優しかった面接官が、人類が考えれる最大級の悪口と大声で詰めてくる朝礼。みんな1か月持たないから…。

ツーブロ：絶対忘れないし、いつか◯したい。

あくの：冒頭の話じゃないですけど、下剋上の世界ですよね。

固定されたツイート

☎1Rテッタ☎ @tetadate

タコってるパイセン（入社4ヶ月）が昼飯食おうとしてたら「え？タコってるのにメシ食うんすか？」と後輩（入社3ヶ月）に言われ、それを聞いてたパイセンのパイセンが「テメェ今日アポとるまで帰るなよ」と声をかけ、ずっと電話してた。1ヶ月後退職した。

#不動産営業マンはつらいよ

あくの：人間の値段がお安い国の話かな。

野球：人権問題！

ツーブロ：煽るのも生活の一部なの？

かずお：これも不動産文化。タコは首がないのと一緒だから。

はと：未達は罪。罪なんだよ。犯罪。

かずお：タコはマジで罪。全チン（全宅ツイる不動産チンパンジー情報…全宅ツイが運営する不動産情報マガジン。隔月発売だが、売上不振の場合はコメンテーターが自爆営業をすることで有名）の運営方針もそうだよ。

ツーブロ：タコは罪。５００万円の団地片手仲介でも一件は一件。

はと：メシ食ってただけで「余裕あるな」って怒られたことあります。

あくの：「人権安い国って大きい道路作れるからいいよね」って真顔で言う上司が最初の親鳥でした。

はと：話しててつらい。

かずお：タコの時ってすごい不安になるよね。

はと：不安で泣きそう。

あくの：モチベーションを高められなくて殴るのよくないと思う。殴るけど。

リチャホ：拳の痛みが俺を熱くする。

かずお：未達でも、一件でも売りがあると違いますよね。あと期初に一件やると気の持ちようが違う。

タコは罪…

リチャホ：法人は半期タコとかめっちゃいますからね…。ちょっと事情が違うかも。

ツーブロ：リチャホさんの「最後に帳尻合えばいい」って話ほんとドキドキします。

リチャホ：最初の四半期で予算どれだけやるかで1年の生き方が決まります。

はと：明日の案内決まるかな。いや、「決まるかな」じゃない。決めるんだ。

あくの：ようすけさん、ポスティングだけで大阪まで行ける？

リチャホ：最高のセクシーキャバクラ準備して大阪で待ってます。

ツーブロ：全宅ツイ名義でポスティングして何枚で当たるか試してみたい。

固定されたツイート

gala08 @mo_galagala

土地を仕入れるために、宗教団体に入会する
土地を仕入れた後は、当然通わなくなる
それを繰り返しいくつもの宗教団体に所属することになる

#不動産営業マンはつらいよ

野球：なんでこんなことしてまで働くの？

ツーブロ：そこに土地があるから…。

はと：宗教くらいならがんばります！

野球：え！入るの？

はと：高卒資格なしの俺が、人より稼げる可能性あるのはここしかないし、後もないのよ。

野球：政治と宗教と野球って触っちゃダメだよって習わなかった？

あくの：営業ソルジャーで人権無いのと、信教の自由を放棄して仕事取るのどっちがいい？

はと：どっちでも大丈夫です。

リチャホ：でも宗教はあるあるだったりしますよね。

ツーブロ：●●教は見かけたら飛び込みます。

あくの：創●学会とかメジャーなとこならい

いですけどねー。壮年部で読経の勉強会とかするんだよ。
ツーブロ：●中とか●成なんかも入信ですよ。鶯谷の●●教は●みふが5年前に売買してた。
あくの：ゼネコンはこの辺いきますね。
リチャホ：創●は入んなくても大丈夫でした。
あくの：土木とかも入信迷わない。
はと：信濃町に出入りしたい。●原●とみいるかも。
あくの：いちおう会の中での取引や仕事の受注にレギュレーションあるんすよね。
ツーブロ：へー、それは知らなかったです。入って凄い金額がまとまるなら全然入ります。
あくの：会員間の仕事の受注は原則不可が多いみたいですよ。
はと：いやー、でも地元の不動産業者の社長とかガンガンいますよ創●系。みんな入って仕事取ってる。
ツーブロ：公にはダメってことなんですかね。
あくの：ですね。公には。なんか理由がいる。
はと：横のつながりが強いすからね、宗教や学閥。
ツーブロ：アジア圏内の方、キリシタンが一定数いるので都内の教会に出入りして紹介貰っていました。
野球：前から言ってますけどあくのさんPL教団いけます？たぶんそろそろ売りますよ。
あくの：いよいよですか。
野球：今から入っといたほうがいいです。
あくの：日曜の礼拝とかタルいな…。でも、それで数十億の取引できるなら…。

固定されたツイート

リチャードホール @okirerebc

普通の人がとびきり恥ずかしいと思う行為や言動に何の感情も持たなくなった。

#不動産営業マンはつらいよ

あくの：働いているうちに「俺も部下の数字とりにいけばいいや」的な。

リチャホ：1件目決めてないのに部下の決済会場には必ず来る課長。

はと：部下4人の数字元気玉を集めて地位を維持する管理職がいて「お前らは鶏で俺は鶏飼だ！」って言われた時、殺意が目覚めた。

ツーブロ：無感情ということで言えば、真面目な顔で「私は売主様のしもべです。なんなりと…」って恭しく言ったことある。

あくの：媒介モンスターですね。

リチャホ：ハ●ス食●に年賀状出す時、「ウ●ンの力箱買いしました。大好きです！」と無心で書いていました。

はと：そもそもそんな大手と知り合えない…。

ツーブロ：取引企業マウンティングだ！

固定されたツイート

新宿シュガーレス @Sugarless_kid

オフィス賃貸の営業

上司「まず最上階にいって」
部下「はい」
上司「上から順番に各階に飛び込みしろ」
部下「はい」
上司「降りるときは階段」
部下「はい」
上司「よし行ってこい」
部下「はい」

5分後携帯鳴る

上司「テメぇ、今何棟目だよ？」
部下（´・ω・`）

#不動産営業マンはつらいよ

リチャホ：これはやったなぁ。今でも飛び込みするし。

ツーブロ：タワマンなんかは空室預かれたら上下左右斜めは飛び込みますね。

はと：僕はチラシ撒いてるとき、上司から電話がかかってきて「お前が今いる場所確かめるから近く歩いてる人に代われ」って言われたことあります。通行人に言わせれば偽装できない。

野球：イップスになる。

はと：偽装のプロは偽装を疑います。

リチャホ：うちは飛び込みは基本２人っす。みんなサボるから。しかも上司部下のペア。部下が行って引っかかったら上司登場。

はと：クロージングだ。僕は物件の周りを地道に当たったなー。

ツーブロ：はとさん、ビルの飛び込みとかしないんですか？

はと：ビルはしないす。飛び込みは戸建てかな。すげーな、みんな。

リチャホ：工場とか倉庫の売物は１日中飛び込みしてます。事務所の移転も意外と近隣で決まるんすよ。

はと：素晴らしい。

ツーブロ：ふぇー、こんどやってみます。

固定されたツイート

はとようすけ @jounetu2sen

歳をとるほどに、職質受ける回数が増えたな。夜な夜なチラシ撒くのやめよかな。

#不動産営業マンはつらいよ

固定されたツイート

はとようすけ @jounetu2sen

ポスティング中に「ポスティング禁止。動画記録中。着払いで投函会社に送ります」という文言と、エントランスから入って来る俺より若い住民の冷たい目を耐えながら静寂の中響き渡るカシャーン、カシャーン、カシャーンという投函音。

#不動産営業マンはつらいよ

かずお：ポスティングって業者使わないの？アルバイトとか。

はと：業者も依頼しますけど、基本自分すよ自分。金かかるから。

ツーブロ：アルバイトは使いますけど、自分がアルバイトなら捨てますもん。自分で入れるのは信じられますもん。

かずお：自分なら捨てる…。間違いない。

野球：大学時代ポスティングやってましたけど、リーダーみたいな人が「余ったチラシは自分の家まで持ってって捨ててね」って言ってたなー。

リチャホ：だったら自分でやりますよね…。戦略とか立てて。

ツーブロ：ポスティングはつらいけど、その中から七色に光るポストが現れて、全回転が訪れる瞬間があるんです。ベットし続けるしかないんですよ…。

あくの：はとさん、ポスティングできるビルだけ伝って大阪まで行けたら100万円あげるよ。

はと：期限ください。

かずお：「ポスティングアルバイト募集」って書いてあるチラシあるよね。

ツーブロ：うちは一枚3円で撒いてもらってるおっちゃんがいます。たぶん私よりストレスフリーに生活していると思う。

はと：大手はポスティングのチラシを集めるポスティングをする社員とかいますね。

あくの：ポスティングチラシを集める人を集めるポスティング。ポスティング連鎖が止まらない。

かずお：ポスティングマトリョーシカ。不正防止にGPSトラッキングするとかはありかも。
あくの：いまGPSつけられてて、移動経路とかデータで提出する業者があるって聞いたんだけど…。
かずお：でも反響率でちゃんと撒いたかわかるよね。
ツーブロ：反響数、かなり低いからわからないかもです。
かずお：わからないんだ？
ツーブロ：わからないです。他社も撒きすぎでほんとたまにしか電話鳴らない。戦略としては、金曜日に撒けば週末の時間がある時に見てもらえるかもしれない、って期待を込めて週末撒くことが多いですね。

かずお： いまポスティングって反響率1/3000とか？

はと： 3000に1は鳴らない。物件と募集チラシ次第かなー。

ツーブロ： 私自身の反響確率は、だいたいそれくらいです。限定で撒くと500分の1とか。配布枚数は業者含めて毎週5000枚。月2万5000枚プラス私は5000枚。それで先月は3件鳴って1件媒介です。

あくの： 物件がクソ安い時はチラシ撒きますよ。2回くらい売れたことある。

はと： 安いとか未公開は鳴りますね。

あくの： チラシのいいとこは次の日売れたりすることかな。

リチャホ： 私はチラシで土地買ったけど次の日買付入れたな…。

かずお： えらい。

はと： チラシはネット見ない人に当たりますからね。

ツーブロ： 買いと売りで反響変わりますよね。

はと： 毎日張り付いてるわけじゃないしみんな。ネット反響の方が気楽だから契約率低いかな。

はと： おじいちゃんおばあちゃんは熱い気がします。

ツーブロ： 昔からチラシは熱いって言われるからいまだに信じて撒いてしまいます。

固定されたツイート

マックテイラー炭酸水@加油香港 @YangWenly

管理人の権力が強く、贈り物必須

#不動産営業マンはつらいよ

はと：ポスティングあるあるですね。入り口で怒られたくないし、通報されたくないからまず気配を消して奥から配る。

あくの：奥から配るんですね。

ツーブロ：日暮里の●ーデンスタワーの夜勤管理人は缶チューハイ買っていくとチラシ撒かせてくれます。チラ禁のマンションなのに。

あくの：ふく。

リチャホ：ハートウォーミングだ。やっぱり愛嬌なんだなぁ。

あくの：愛嬌は人生最強の鎧。

はと：仲良くなると、地場業者とかなら見逃してくれて配れるマンション増えますよね。

あくの：●ークラヤとかこのあたり上手みたいですね。

ツーブロ：私たちが息を殺してポストの向こ

う側にいるとも知らず、無防備な胸元を露にチラシを取る人妻。ホラーですよ。
はと：幸せに帰宅する家族と一人で配る俺のコントラストに嫌になります。あと、深夜酔っ払ってる住民に絡まれて突き飛ばされたのは惨めでした。「そんな仕事やめちまえよ！迷惑なんだよ！」って。警察呼ばれてサイレンが鳴る●金で。逃げました。

固定されたツイート

なおにゃんこ @nao_mew

20160620基本契約書Draft0528_A社B社間契約修正0625(営業修正)_本社修正_審査部修正.docx

#不動産営業マンはつらいよ

リチャホ：これ嫌。

あくの：これくそだるいすね。説明すると、ベンダーや各取引相手と契約書の修正を上書きしていった結果、ファイル名がこんなになっちゃうという話です。

リチャホ：クリーン版にするの許してくれないからこうなっちゃう。

ツーブロ：「同じ不動産会社なのにそんなに解釈の仕方違うの？」って思います。面倒だからドラフト1をリ●ブルに投げて、真っ赤になって返ってきたやつを訂正する仕事をしてます。

はと：僕の場合、ＰＤＦかＦＡＸで貰って、それに赤ペン入れてラリーします。大手は言うこと聞かないから大体任せますｗｗｗ。

あくの：なんかシレーっと直して、1ミリもフォローしてこないイン●スコのインハウスの弁護士。深い風邪引いてほしい。

リチャホ：半角数字を全部全角にする法務担当溶けてほしい。

はと：大手って修正するのに数日かかるじゃないですか、社内稟議で。

あくの：CA（注1）の文言調整してる間に、他社から買い付け出て話し終わったことがあります。

リチャホ：あるあるですね。

はと：沢山の人が動く会社は調整が大変すね。

野球：大変そう。うちはゆるゆるなんで。

はと：僕のところも少数精鋭だから、そんなトラブルないです。

注1　Confidential Agreement（秘密保持契約）

あくの：バトルオブフォーム（書式の争い）も行きすぎるとストレスハンパないですよね。

リチャホ：ハイライト入り乱れるともうダメです。目が開かない。

あくの：黄色使うやつとかわざとだろ（老眼ちゅらい）。

はと：共同仲介で書類の作り方をめぐって喧嘩してる人いますからね。話壊したいのかな。

リチャホ：すみません、私です。

固定されたツイート

はとようすけ @jounetu2sen

【挨拶】

挨拶に関しては名古屋のペンギンさんが有名だが、僕がいた会社は上司が『挨拶（名刺交換）』しただけで、売上（歩合）の6割から7割取られる地獄の仕組みなのだ！！だから、みんな挨拶させない。僕は5分の挨拶で20万取られて、係長と喧嘩しました。

#不動産営業マンはつらいよ

あくの：ラッパーなのかな。
野球：ヤ●ザじゃん。
はと：前に勤めていた会社は、月末に数字足りないと部下の数字当てにする人が多かった。

齧りマンと呼ばれます。

リチャホ：当社のクソ達だ。法人は顧客数が限られてるから強いとこにみんな行くんですよ。気に入られたもん勝ちなので、みんな出来る限り相手の上役に食い込んで立ち位置取るんです。「ここは俺の顧客。上席とはよく焼き鳥食う。だから今回の取引の分け前をよこせ」とか言って。

野球：カツアゲじゃん。

はと：もちろん、上司の力で決まるのもありますけど、挨拶しただけで齧ろうとしてくるのは厳しい。

ツーブロ：ウチはこれはないかな。良くも悪くも個人プレーヤーの集まりで良かった…。

固定されたツイート

DJあかい @aka1you

決済当日に物件に関する新事実を話し始める売主

#不動産営業マンはつらいよ

リチャホ：よくある。ほんと困る。

ツーブロ：これはありますねー。

かずお：やめてほしいやつだ。

はと：自分の心を晴らすための行為。口に出すことで重みから解放される。

ツーブロ：償いのつもりなのかな？

あくの：ババが抜かれた安堵感あるんでしょうね。

かずお：「ここは昔、沼だったんだよ」って気分良くなった地主が話し出した時は本当に帰りたかった。

はと：誰も幸せにならない。

リチャホ：「ここは昔、養鶏場だった」って言われたことあります。

あくの：低地だからこんなに水溜まるんだよ、って言いながら膝に手を当てる売主。

ツーブロ：売主が石油タンク埋まってるとか言い出したことありましたね。あと水関係はホントやめて欲しい。

はと：「雨漏りしたけど直した」とか書類に書いてないことは引きますね。

あくの：敷地内で事故死あったのに説明しないで契約させた売主まだ元気かな。

リチャホ：ビルの雨漏りは直らないからほんとやめてほしい。

かずお：ちょっと違うけど、引き渡し直後にやたら設備が故障する事件ない？あれ何なんだろ。それまで問題なかったのにお風呂のサーモスタットが壊れ、ウォシュレットが壊れ、ディスポーザーが壊れた時は流石に気まずかった。

リチャホ：決済して10日でキュービクル（変電設備）がぶっ壊れました。

あくの：連結送水管とかね。経年劣化だから…。

ツーブロ：近隣関係もつらい。

はと：突然の愉快なお隣さん情報はマジ無理。

ツーブロ：「裏の家は女作って出てって奥さん可哀想だったよなぁ」とか。それいらないじゃんって情報。

あくの：決済して近隣に挨拶行ったら「室外機の場所変えろ！前から言ってたぞ」って言われたことがありました…。

はと：決済終わったあとに顧客から連絡あるとドキドキしちゃう。紹介だと安堵から声デカくなるけど。

固定されたツイート

はとようすけ @jounetu2sen

【自己資金・過少申告客】

契約前
「ホントぎりぎりなんです。売買代金と手数料まけてもらわないと破産します。でも買いたいんです。」

俺
「仕方がないですね。うちも泣きましょう。喜んで頂けるなら。」

引き渡し前
「やっぱり頭金5000万入れます。」

俺
「ファーーwwww」

#不動産営業マンはつらいよ

あくの：これひどくない？

はと：５０００万あるなら手数料払って欲しいですよ…。

リチャホ：宝くじ当たったんだよ、きっと。

はと：売買価格と手数料カットしても成立して良かったです…。

ツーブロ：お金がないからって手数料値切ったくせに、決済までに祖父母から資金調達してくる人いますよね。手数料満額払って欲しい。

リチャホ：「手数料払うと、今契約してる物件が決済できません！」と業者に絶叫されたことがあります。仲介業者ってつらいですよね。はじき出された時のやるせなさったらない。今年入って満額もらってないなぁ。取引優先してすぐ手数料切るからつらいのかな…。

ツーブロ：契約しなきゃ０は０！　何だかんだ手数料１マンでも頂いたらお客様ですから。

はと：それも含めて交渉なんすよね。３パー当たり前に貰える人は偉いけど。

あくの：「お前（仲介）がいると成立しないんだけど」みたいな境遇ってよくあると思うんですけど、そういう場合どうしてます？

はと：安くしても入ります。入らなきゃ仕事じゃなくなる。

あくの：どういうロジックでしがみつくんですか？そうなっちゃったらロジックだともう無理な感じしますけど。

はと：ロジックなんかないすよ…。土下座と情。

野球：僕やりません。「今度ちょうだい」って言う。

リチャホ：私も完全に不要なら引きますね。貸しだよって。

はと：やらない選択肢は取れない…。プライドより手数料です。

野球：僕らのようなプロ相手の仕事と、はとさんのようなリテールは違いますよね。僕らの場合、３パーもらえないと「３パーもらわないやつ」って思われてしまう。

はと：仰る通りで、個人相手は次なんか大体ないすから。１％でも意地汚くても契約したいです。僕も昔はじき出されたことあるんですが、貸しを大きくするために大声で喚く役をやったことがあります。

かずお：「そんなの納得できないですよ！」って言って叫ぶ俺を上司が諌めるの。

あくの：全く同じことを●ンフロの若武者が会議で買主に叫んでました。堂々と言っていて非常に感心しました。すばらしかった。

野球：いつの時代も若武者は寸劇やらされてるｗｗｗ。

あくの：新興企業は若者に叫ばせますね。あれ、なんか禊の一種とかなんだろうな。

固定されたツイート

gala08 @mo_galagala

顧客の融資のために走り回り資金調達するが、いざ自分が仕入れようと思うと融資が下りずに資金調達できない

#不動産営業マンはつらいよ

野球：これは泣く。

あくの：与信が低いんですね。

リチャホ：つらすぎる。

ツーブロ：切ないなー。「こんなに頑張ってるのに自分には価値ないのか？」って人生考えちゃいます。

はと：年収２０００万なのにブラックな先輩がいますけど、ブラックだから計算出来なくて全部使っちゃう。こういうのが全体の与信につながってくるのかもしれません。

リチャホ：私、家買うとき三●１円も貸してくれなかった。

あくの：おじさん30年6ヶ月しか組めませんでした。未来が少ない…。

野球：アラフィフだから？

あくの：アラフィフだから。みんな長生きできていいね。

はと：50超えると一気に審査厳しくなりますよね。35年ローンとか言ってるけど、加齢によって貸付可能期間がだんだん短くなってきますね…。独身男性も厳しいから早く買わなきゃ。

あくの：45過ぎてても、オリックスの45年ローン（1R投資用ローン）は使えるのかな？

はと：いやー厳しいんじゃないかな。団信の保険が80までですから団信なしになるのかな？

あくの：そもそも住宅ローンは若い人が買うほうがメリットある商品ですから。

ツーブロ：みんなよく借りますね…。住宅ローンの返済が80歳とか返し切る自信がないから借りたくないです。

かずお：うちの親父が70超えてるけど30年ローン組んでる。

あくの：銀行どこすか？

かずお：西●信金です。

はと：共同担保とかすかね？

あくの：信金は営利じゃなくて組合員の金融機関だから、融通してそういう設計にしてくれたんじゃないかな。

はと：信金素晴らしい。

あくの：お付き合いとかが優先されますしね。商店街の組合員っていうのも大事。

はと：俺の親父は無職で源泉も収入証明も作りで不動産買ったのに…。

リチャホ：ｗｗｗ。

はと：ｗｗｗ。勤め先も売主が用意してくれた…。

第2章

つらい不動産営業マンたちが転職相談を受けてみた

応接室に通された3人。目を引いたのは壁に掛けてあった社是。「User First、いつでもご機嫌に…」。これは期待が持てそうだ。

世の不動産営業マンたちに希望をお届けします!
わがままは言いません! ギブミー“平穏な生活”!
今の状況から脱却し、キャリアアップを目指すぞ!

ビル前で各々決意表明!? 大丈夫、神様はきっとどこかで見てくれている!

百戦錬磨のみなさんであれば問題ないと思います

担当
澤田皇汰さん

怖い…けど知りたい自らの可能性
つらい不動産営業マンいざ転職相談へ

法外なノルマを課す上司、周囲を出し抜こうとする同僚、契約を直前でドタキャンする顧客。渡る不動産業界はほんと鬼ばかり。時には考えたくもなるさ、転職ってやつを…。「新しい自分に出会えるかもしれない」という僅かな希望を抱きつつ〝転活〟に臨んだ不動産営業マンたち。ここはひとつ思い切って聞いてみよう。「こんな俺たちに明日はあるのかい？」。

今回ご協力いただいた

アクシス株式会社

未来を見据えたさまざまな転職支援サービスを提供する注目企業。給与や世間体よりも個々の幸せのカタチが第一優先で、人生に対して、意義やロジックのない求人紹介は行わない。その信頼と実績は新興ながら業界内でも高い評判を得ている。

▶https://axxis.co.jp

webマガジン「すべらない転職」
https://axxis.co.jp/magazine/
もチェック！

相談者❶

リチャードホール

1

職務経歴書

2019年8月31日現在
氏名　リチャードホール

■職務要約

大学卒業後、不動産仲介業者に入社し、不動産の売買仲介（法人担当）に約10年従事。収益不動産、開発用地、事業用地等を取り扱っている。

（取扱い物件価格：約数千万円〜数十億）

入社3年目までは首都圏の拠点に配属となり、取引法人の遊休地の処分を中心に収益不動産等の売買仲介に従事。その後は関西の拠点へ移動となり、取引法人のCRE戦略のサポートを軸に収益不動産等の売買仲介に従事。関西を拠点としながらも全国の案件に対応し、売買仲介のみならず賃貸仲介（種別問わず）や有効活用業務にも対応しています。

■職務経歴

20●●年4月〜現在
●●●●●株式会社（不動産仲介業者）
◆事業内容…不動産仲介およびその他サービス業
◆資本金…非開示　売上高…非開示　従業員…たくさん

20●●年4月〜 20●●年3月

首都圏営業部　売買仲介部門
【営業スタイル】
飛び込み営業及び会社の既存顧客への営業
【取引顧客】
一般事業法人、不動産会社
【契約件数】
年間約10件
（年間仲介手数料額：3,000万円〜 4,000万円）
【担当地域】
首都圏
【実績】
怒られない程度の売上額

大学卒業後、大手企業に就職。関西の拠点へ移動後、結婚を機にマイホームを購入と、リチャードホールさんの経歴からは不安を抱く要素は感じられない。しかし、大企業なりのもどかしさもある模様。「企業の力に頼っている感覚が強いんです。大企業ですから、いつどこに飛ばされるかも分からない。成績が悪いとクビになる確率もゼロじゃありません」。

2

20●●年3月〜現在

関西営業部　売買仲介部門

【営業スタイル】

飛び込み営業及び会社の既存顧客への営業

【取引顧客】

一般事業法人、不動産会社、不動産投資ファンド等

【接客件数】

年間約10件（年間仲介手数料額：5,000万円〜）

【担当地域】

関西を中心に全国

【実績】

結構頑張ったので上から数えた方が早い売上額でした。関西に移動してから目標の未達は無し。拠点の枠に捕らわれず、全国の案件に対応。現在47都道府県中、半数以上の都道府県で契約実績有。全国の各地の不動産マーケットに精通していると自負しております。

■活かせる経験・知識・技術

・法人に向けた提案営業
・法人が所有する不動産へのアプローチ（CRE戦略）
・日本全国の不動産マーケットの知識
・不動産証券化との知識
・短期間での関係性構築力
（顧客が苦手なことを察知するのが得意です）
・仕事のスピード
（すぐ動きます、呼ばれたらどこにでもすぐ会いにいきます）
・トラブル対応（とろ火の時点で即火消しします）

■資格

・普通自動車第一種免許
・TOEIC 550点　・宅地建物取引士

いざ会社の看板が取り払われた時、個の力でどれだけ戦えるか。実は、その悩みを抱えている相談者は結構多いと澤田さん。「名刺を出せば、仕事の5割は完了したも同然。ただ、大企業にありがちな、無駄な役職者が多いという社内構造がどうにも…。ほとんどの人間に決定権はないですし、全員が売り上げと歩合で戦っているので超～仲が悪い（笑）」。

3

■自己PR

キーマン以外への営業力

法人営業においては、キーパーソン（部長、課長等）との関係構築が商談に持ち込むポイントであると学んだ背景もあり、当初はキーパーソンへの営業にウエイトを置いていた時期がありましたが、競合も多いなか、成果もあまり出なかったため、実務担当との関係構築を地道に行うことに少しずつウエイトを置き換えました。実際に実務を行う担当者のコメント、考えを確認し、実務担当者が社内で動き安い材料を一緒に作ることに注力しています。その結果、実務担当者からの推薦でキーパーソンからの評価も上がり、その実務担当者が昇進する流れで関係構築も濃くなっています。現在は、当該法人の不動産関係の業務は特命で依頼を貰うことができ、継続して新たな実務担当者との関係構築にも力を入れています。

モチベーションの維持力

不動産取引において、取引額・Fee額等により目先のモチベーションが増減することが一般的であると考えていますが、私は長期的なスパンで物事を捉え、安価な案件、激安Feeの案件でもモチベーションを低下させず案件に取り組むことができます。仲介手数料を値切られつらい時がありますが、また仕事を頂ける可能性やきっかけや、関係構築、自分の経験値向上に作用するのであれば問題ありません。1つ1つの業務が自分の血となり肉となると捉え、何事に対しても一定モチベーションで業務対応が可能です。

リチャードホールさんの経歴は素晴らしいですね

他人を蹴落としてでも…という社内の空気に辟易しているとリチャホさん。

そこで澤田さんは、今までの経験や人脈を活かせる同業界の新興企業を推薦。「手広くやられているところなら、個人の成長や決定権のあるポストを得やすいと思いますよ」。

今の会社で培った経験は強み、
と話す澤田さんの言葉に自信が湧いてくる!?

【結論】

同業界を軸に金融関係なども
探っていけばいい出会いに
恵まれるかも

1

職務経歴書

2019年8月31日現在
氏名　峰 不二夫

■職務要約

2009年、大学在学中、セクシャルマイノリティへの理解を深めるため、オープン型SNSサービスを運営する某株式会社を立ち上げる。顧客のオペレーション、ウェブ広告をメインとした事業に従事する。

2011年、社内にてプランナーとしてオープン型の質問投稿サイトを開設。月間15万PVを記録。システムの考案、アクセス数増加による収益増加、他コンテンツへの来訪者増加に貢献する。

2013年11月より某不動産会社へ入社。4年目からは新入社員の育成、所内文書の統一化、システム化による効率化を提案。取引件数の増加に貢献する。

■職務経歴1

2009年4月～2013年10月
株式会社○○コミュニケーションズ
◆事業内容…セクシャルマイノリティ専用のオープンSNSの構築、オペレーション業務に従事。3年後誰もが気軽にアンケートを作成し、回答を集計出来るインターネットサイトの構想、立ち上げ、運営に携わる。
◆上記アンケートサイトについては業種が異なる為、別会社を立ち上げ運営。
◆資本金…30万円　売上高…月間600万円　従業員…7名

2009年4月～ 2013年10月

企画、運営、営業
【営業スタイル】
当時、世間ではまだ認知度の低かったセクシャルマイノリティの為のコミュニティサイトの構築。運営。主な収益はバナー広告へのアクセス、メッセージ機能への課金等。招待制サイト内（インターネット内）であってもセクシャルな内容についてはオープンでなかっ

相談者❷
峰 不二夫（ツーブロちゃん）

学生時代に
起業するバイタリティは
高評価です!

学生時代にIT会社を設立し、月に600万円もの売り上げを記録。その経験は、ツーブロさんにベンチャー精神や社会での生き方、経営の怖さも教えてくれた。「稼げたのは一瞬。僕は企画運営のほか数字の集計もしていたので、あからさまに会社が傾いていくのが分かる。毎日お金がなくなっていく日々は恐怖でしかないですよね（笑）」。

2

たため、居場所提供、コミュニケーションの提供。
サイト管理業務　書込み内容のチェック巡回、入金管理、システムメンテナンス、広告作成、サイト維持、アクセス集計等。
企画業務　より収益を上げるため、セクシャルマイノリティに寄り添ったECサイトの企画、構築、運営。
現在の悩み、会社自体が潰れることもないので全体的なやる気のベクトルが低い。

■職務経歴2

2014年11月〜現在　株式会社 某不動産
◆事業内容…不動産仲介業、コンサルティング業

2014年11月〜 2016年9月

某営業所
インターネット、ポスティング、紹介案件の仲介業務。火災保険、リフォーム提案。売買に関わるコンサルティング業務。とにかく全部。
【営業スタイル】
電話営業、紙媒体を駆使しての反響、インターネット上の広告からの反響、中小企業への飛び込み営業
【担当エリア】
都内全域
【実績】
インターネット広告に弱かった営業所にて、エリアごとの特別サイトの設置。結果、売却、購入共に反響数10%の増加。ポスティングチラシの内容統一化。結果、会社の認知度上昇、売却相談数の上昇に貢献。中小企業の保有不動産（自社ビル、社員用物件、単純保有物件）の売却、買換提案により、利益への貢献。
【ポイント】
当初、配属されたセンターはインターネットからの売却相談、購入相談に弱点があったが、前職の経験を

そして、24歳で会社をたたみ、25歳から転職エージェントを介し不動産業界へ足を踏み入れる。「まず、衣食住の仕事は無くならないだろうと。全てが初めての経験でしたし人と接するのは好きでしたから」と今の仕事に対するやりがいを語るツーブロさん。しかし、目はそう言っていない。どうやらツーブロさんにも、いろいろと思うところがあるようで…。

3

活かし、特別サイトの設置、書類の統一による無駄のない営業により、今まで以上に一つの案件へ時間を割くことが出来る環境の構築に勤めた。その結果、配属から2年半で所内営業成績一位を記録。

所長以下、所員8名

2016年10月〜現在

某営業所へ異動
当時の課長が他店舗の所長に上がるため、数字の穴埋めとして、また他の所員の意識の突き上げ、営業スタイルの伝達のための配属。

【担当エリア】

地域の一般顧客、地主の対応
【実績】

移動直後より、社内初のシェアハウスの取引を実現。

異動後、目標を下回ることなく現在に至る。

1年後より新入社員の教育担当を兼任。地方エリアの地元業者への密な訪問による、未公開物件の取引多数。法人と法人を結ぶコネクションの構築に貢献する。

【その他実績】
※直近の営業成績
2018年4月〜 2019年3月
年間手数料額　4千万円超
※営業所内にて年間取引手数料額1位を達成。
2019年4月〜、仲介手数料額
取引額ランキング　現在2位（全社員中）
【業務補足】
個人からの売却委任、購入相談に伴うコンサルティング業務、仲介業務が主であるが、通常業務以外にも底地、借地の売却に関わる相談業務、法人保有不動産の有効活用の提案業務、対法人に対する事業の提案等を行う傍ら、ハウスメーカーとの連携による注文住宅の受注、大手法人の自社ビル用地、リテール営業を主するツーブロさんの顧客は個人。ただ、そのやり取りに疲れてしまったとか。「ドタキャンするわ理不尽に怒りだすわでロジックが通用しません。このままだと人間嫌いになっちゃいそうで（笑）」。努力すれども縮まらないお客さんとの距離に辟易したツーブロさんは、これまで培った営業スキルを活かして対企業の仕事がしたいと語る。

4

保育園用地などの情報提供なども兼ねる。

【ポイント】

即戦力としての配属であること、他のメンバーの意識改革のための配属であることを十分に理解し、数字での自己表現、積極的な発言、提案によりセンターの目標達成に貢献。

今までに誰も行って来なかった地元密着の企業との連携より、効率的な収益を見込めることとなったが、担当として私がエリアを離れても関係性が続くよう、他のメンバーを含めての積極的な打ち合わせの機会を設けるなど、先を見た地道な営業活動を成果として残すことが出来た。

所長以下、所員11名

■活かせる経験・知識・技術

ネット集客、データ管理、解析による顧客情報の集積。それによる更なる効率的な広告戦略の提案。
オールマイティな仲介業務
購入、売却以外に破産、相続、離婚、持分売買などマイナス面からでも確実なヒアリング、コンサルティングにより数字に繋げることが可能。
法人の破産に伴う債権者会議での助言や、管財人と連携しての売却なども経験しており、多方面からのアドバイスが可能。また、今後増えるであろう相続に伴う地主家系の土地売却、それに伴う借地権、底地権売買なども取り扱うことが可能。

■資格

・普通自動車免許・宅地建物取引士・美容師免許
・ネイル検定3級 着付免許

確かに、業界を変えず法人営業へと舵を切るのは王道中の王道。しかし、「王道でいいか、という葛藤もありますけど、違う分野の営業をやっている自分をまったく想像できなくて…」と迷走中だ。自身の年齢も迷いを生む要因に。「他業種なりの面白さは分かりますけど、安定と隣り合っているかというとまた別。挑戦をするには歳をとりすぎました」。

5

■自己PR

ITベンチャー企業時代の強い学ぶ姿勢

初めての社会人経験が、友人と立ち上げた企業であったことから常に手探りの状態で仕事をしてきました。能動的でなければ埋もれてしまう時代において、自分発信の提案、問題に直面した際の解決能力などを常に学ぶ姿勢から高めることが出来ているため、今後の業務に関しても常に学び、育み、自分の中で昇華し、力を付けていくことができると自負しています。

多方面の視点を持つことによる顧客への提案力

営業職としての視点以外にも、運営としての視点、企画としての視点、事務としての視点、会計としての視点など、様々な方向、運営面、企画面からの提案業務を経験していることから、個人、法人どちらにとってもその場限りの営業などから物を考える事が出来ます。自身の経験を最大限に活かすことにより、多種多様なタイプの顧客にとって最適な提案を行うことが出来ます。

社内上位の数字を作り上げてきた営業ノウハウの活用

営業は、程度の部分をマニュアル化することにより時間の有効活用が可能となります。時間が出来ればより顧客一人一人に割く時間の増加以外に、自己研鑽の時間、他のメンバーフォロー、より良い業務改善への糸口へ繋がると考えます。

その為、自身の持つ営業ノウハウに関して、惜しむことなく提供し、他のメンバーとの意見交換や、研鑽による能力の拡大、延いては社内営業レベルの向上に努めることが可能です。

以上

「年齢もシビアに見られるので他業種へ行くのは20代までが一般的」とは澤田さん。しかし、30代前半で異業種を選択した例も少なくなく、これまでの経験を面白がってくれるベンチャー企業も意外に多いという。「今、ベンチャーは不安定かといったらそうでもないんです。私どもの会社も小さいですが、潰れると思ったことはありませんから（笑）」。

人は好きだが振り回されるのは嫌。そんなツーブロさんに、澤田さんはBtoBの営業のほか、違う職種も提案する。「企業対企業なんですけどその先には担当者がいて、喜んでくれたりツーブロさんを上司に推薦してくれたりもあるでしょう。ツーブロさんの情熱的な部分は、それこそ転職エージェントに向いているかもしれませんね」。確かに、不動産と人材はマッチングさせるという意味でも近いものはある。さらに、「ITにあかるいということで、その手の分野もいいかもしれません。ただ、BtoBを経験してからでも遅くはないと思います」。

話をしているうちに「ツーブロさんこそ、エージェント向きかも」と澤田さん。

【結論】

他者への情熱は転職エージェント向き。過去のキャリアを活かし、IT業界も考えてみては?

相談者❸

はと ようすけ

1

職務経歴書

2019年8月31日現在
氏名　はと ようすけ

■職務要約

高校卒業しガソリンスタンド、スーパー、コンビニ、引っ越し、解体屋、日雇いなど主に頭を使わない肉体労働を経験後、とにかくお金が欲しい!と都内カタカナ不動産賃貸業者に正社員として入社（入社1か月後業務委託だと知る）。契約済オトリ物件をインターネットに掲載し主にアリヨビ反響営業営業をメインとした賃貸営業に約1年従事する。営業成績悪化のため店舗縮小になり転職、関東の北朝鮮軍隊不動産販売に入社。1か月以内に9割辞める職場、1年残れば変態と言われる会社に数年在籍。上司の難癖やどんな顧客からのクレームが来ても折れないメンタルと不動産大技林を取得。偉い人の横領事件による店舗縮小のため転職。

「漢なら一番高い価格のエリアで勝負や!!」と城南地区のとある不動産会社へ入社、数年営業と管理職を経験。現在都心の不動産仲介会社で課長を務めるまでになる。なお課に私しかいないです。

■職務経歴1

2007年5月～2008年5月
都内カタカナ不動産賃貸業者
◆事業内容…お部屋をお探しの方へのお部屋探しアドバイザー
◆資本金…1000万（あるとはいっていない）
売上高…月額500万　従業員…6名（二店舗合計）

2007年5月～2007年5月

東京本社　営業第一課/新人研修
【新人研修】
OJTは1日のみ。翌日から案内が始まりました。
賃貸営業、ビジネスマナーは仕事をしながら雰囲気を学ぶスタイルはとさんは、数多のアルバイトを経験したのち杉本宏之氏の著書、『1R男』に感化され不動産業界の門戸をくぐる。とある会社に就職したはいいが業績悪化により店舗は封鎖。

再就職した不動産会社も〝地獄〟と形容するほどに過酷だった。「みんなお金への執着がすごくて。結局、上司がお金をパクって蒸発。そこもまた封鎖されちゃいました（笑）」。

2

2007年6月～2008年6月

支店　営業第一課

【営業スタイル】

住宅情報やアットホームからの反響カウンター営業

【取引顧客】

地方から上京してくる新社会人やすれてない大学生など

【接客件数】

繁忙期は1日3組、閑散期はまちまちです。

【担当地域】

東京都

【実績】

2007年度：入社翌月にはNo.2の地位を奪取しました（なお店舗には3人しかいない模様）

【ポイント】

とにかく即決。当て物件を見せてから本命物件をいかに際立つように案内できるかが成約率の鍵です。

初月から成約率は4割以上でした。

会社縮小のため閉店になり売買営業に転職しました。

■職務経歴2

2008年7月～2011年　株式会社北朝鮮不動産

◆事業内容…捕まらなければどんなことをしてもいいから仲介手数料をゲットする営業

◆資本金…1000万円　売上高…関東有数　従業員…400人

2008年7月～2012年12月

売買営業部

個人住宅の不動産売買営業を行う。主に新築建売購入者への仲介、ローン難な顧客への最適な住宅ローン提案、反響→案内→契約→決済の繰り返しです。

【営業スタイル】

夜討ち朝駆け、朝6時からでも24時からでも対応可諸事情により退社した3社目も今所属しているい4社目もまた不動産会社である。その分はとさんは、豊富な不動産知識と、上京したての若者から富裕層まで幅広い顧客に対応しうるだけの引き出しを手に入れた。とはいえ、お客様の気持ちは女心と秋の空だとひとりごちる。「僕の中ではみなさんを〝気まぐれオレンジロード〟って読んでます（苦笑）」。

3

能です。
【担当エリア】
関東
【取引顧客】
個人購入者（主にローン難）
【取引商品】
飯田産業、東栄住宅、一建設、ホークワン、アーネストワンなどの超一流デベロッパー
【実績】
300人以上いる営業マンの中でトップ10に数回入ったことくらいです
【ポイント】
主にローン難な顧客のためのやり取りなど銀行との折衷は特に学びました。「私でローン通らなければあきらめてください」と顧客に自信を持って言えます。また基本は当日反響当日契約、先輩も上司も全員敵という認識を持てたのも大きいです。とにかく月25案内すること。来社をさせたら接客し結論をとること、ローンを何としても通すこと、上司の命令は絶対で口答えをしてはいけない事などを学ぶ。
契約できれば褒められ、タコったら3時間詰められる、結果がすべてということを学び成長いたしました。
平朝9時～24時、そして週末と、どんな手を使っても来社をとることが重要で、来社数が足りない場合は友人など「誰を使っても来社を呼ぶ」という姿勢を学ぶ。ここで「顧客から頂く手数料で生活しているので顧客の悪口は絶対に言ってはいけない」、「顧客に会う前に最高の準備をするということ」という執着心とマインドを私に教えてくれた上司と会えたことが財産です。なお、金に執着した偉い人のせいで会社縮小になります。

購入したいと言われ書類を全部揃えても、当日電話でドタキャン。占い師からの助言といった荒唐無稽な理由もあった。「そんな言われたら心が折れますよね」と苦笑いでその場を取り繕ってみせるが、笑い事では済まされないケースも。「100歩譲って買わないのはしょうがないです。でも、一番堪えるのは競合他社に出し抜かれるケース」という。

4

■職務経歴3

2011年1月～2016年12月　城南不動産

◆事業内容…多少捕ってもいいから仲介手数料をゲットする営業
◆資本金…1000万円
売上高…（たいしたことないのですが…）　従業員…5人

2013年1月～2018年12月

城南本社　営業第一部
日本で一番高い不動産と顧客が集まる城南エリア富裕層へのアプローチ
支店　営業第一部
【営業スタイル】
24時間営業
【取引顧客】
エリートサラリーマンや自営業など主に富裕層
【接客件数】
月案内数は15～20組
【担当地域】
城南エリア
【実績】
実績が認められ係長に昇進、なお係にいるのは一人です。
【ポイント】
とにかく富裕層は不動産を選べる側なので選ばれる営業になるよう努力しました。顧客にとにかく尽くすこと。また意識的に数か月～数年の間あきらめずにずっと顧客アプローチをしたこともあります。
富裕層から認められるようになり1億～3億規模の売買成約も増え取扱額が飛躍したのを実感できました。
また管理職も経験。年上の営業マンを更生させようとする取り組みもしました。法令など不動産の知識はこちらの会社で学ばせていただきました。

諸事情により転職しました。

「お客さんもすごいノリ気で、内見の約束までしたんですよ。それが前日に連絡が取れなくなり、その後一週間無視状態。やっと話ができたと思ったら、実は仲介手数料無料の業者さんにお願いしたと言うんです。いくら図太い僕でも傷つきますよね」。「体も心もボロボロ」と嘆くはとさんだが、強い責任感と一攫千金の夢が彼を突き動かしている。

5

ここから現在の都心の不動産会社へ移行します。課長になりましたが課には私一人です。

■活かせる経験・知識・技術

・クレームに折れないメンタルと休まず働けるタフネス
・どんな少額の手数料も取りに行く粘り強い執着心
・どんな手を使ってもローンを通す不動産大技林
・前科なし処分なしギリギリを攻めるクリーンな営業手法

■資格

・宅地建物5点免除士　・不動産大技林マスター

■自己PR

顧客の都合を最優先できる営業力
顧客のために24時間365日使えます。言い訳はしません。エセ体育会系ですが社内に一人いればムードメーカー的役割もでき、鉄砲玉として使用可能。犯罪以外はなんでもします。

成果（手数料）への執念
顧客からいただく手数料のためなら5万円の1Rでも3億のマンションでも全力中年です。

お金の頂き方の拘り
このKBまみれの不動産業界でいただいたことはありません。会社の金をネコババしないので経理も上司も安心して配置につけます。

労働基準法外でも文句を言わない忠誠心
友達がいないため定休日でもポスティングする日もあります。

大金を一度に手に
できる可能性は
捨てられません!

口をついて出る言葉はほぼネガティブワード。
ただ、話が進むにつれ…。

もうベースは
ギャンブル脳
なんですね（笑）

「結局ストレスはお金」と言いつつ、
大金獲得のチャンスについて熱弁!

「今の職場は社員が社長と僕だけ。僕の売り上げが会社に直結しますから、ひとつの契約がチョー大事なんです。数ヶ月契約が取れないとお疲れさまでしたになる」。とはいえ、大型契約ひとつで数千万を手にできるチャンスもあるから頑張れるとか。

不平不満を語ってはきたが、メガネの奥の目は死んでいない。澤田さんもある確信が芽生えた様子。

「はとさんは今のままが幸せに見えます」。それを受け、「日々ギャンブルみたいな生活をしてますが、転職する気はないんです。それぐらい今の仕事にかけているので（笑）」。

【結論】

はとさんが描く幸せは、“転職”より“天職”である不動産業界にある!

第3章

つらい不動産営業マンたちはどんな部屋に住んでいるのか？

せ、狭すぎない!?

パッと見はキレイで整理整頓されたリチャホさんのお部屋。おしゃれ感も満点だ。
しかし元々トイレになる予定だったという残念な噂が…。

リチャードホールさんの

専有面積3%…元々トイレの予定だった2畳の部屋

さて最初に拝見させて頂くお部屋ですが、こちらです。大手不動産会社で仲介事業に従事している法人営業がつらいタイプの不動産営業マン、リチャードホールさんのお部屋。大手仲介という事もあって収入も比較的安定している模様で一戸建てのご自宅を購入されたそうです。写真でもよく分かるように自分の興味あるものに囲まれたいいお部屋。音楽好きなんですね。Ｎｏｗな不動産営業マンと言う印象を受けました。

ただ表題にもありますが、面積がわずか2

（上）ターンテーブルにアナログレコードとモテ要素も満点な空間だけに2畳の残念さが切ない。（左）引き戸を開けると、イス、ブタのぬいぐるみ、スニーカーの箱の圧迫感が半端ない。

畳しかなくて、なんでこんな狭いお部屋になったのか問い合わせした所、自宅を新築するタイミングで夜の蝶とのお遊びが発覚し、なんとかお家には残らせてはもらえたものの、元々予定していた家長の書斎を召し上げられ、トイレのスペースを改装してお部屋にする事を許された、との回答が…。

今回のタイミングで竣工図書を確認してもらったら、何度見直しても1・8畳でした。専有面積は97㎡程度なので、全体に占めるお部屋の割合は約3%程度でした。ちなみにドアを閉めると椅子の幅が確保できず、座ることができないそうです…。

に、二畳なの!?

一家の長であるリチャホさんだが、今の家庭内のポジションは「ふりかけくらいかな…」というDJリチャホ、いやDJふりかけの華麗なプレイ。

み、民泊なの!?

こんな大型テレビをはじめ、やたらと高そうなものが揃っていて、
超キレイなお部屋なんですけど、生活感が無さ過ぎるという話も…

Yohei Shiraishi さんの
生活感が無さ過ぎるモデルルームのような部屋

さて、次にお邪魔させていただいたのは推定年収６０００万、つらくない不動産営業マンのＹｏｈｅｉ Ｓｈｉｒａｉｓｈｉさんのお部屋です。年収に比例したさぞや豪華な内装なのかと思いきや、どミニマルのモデルルームみたいな状態でした。いわゆる生活設備は現代的にアップデートされてるんですけど、どこか人間味のない設えで…。ねえ、これホントに人住んでる？Ｇｏｏｇｌｅの画像検索で拾ってきたでしょ…。

ちなみにこの写真外になりますが、写真や

（右）おおっとワインセラー!しかも高そうなワインが…最近ではストックが増えてきて、最下段でも5000円くらいするそう…（左）こちらも値が張りそうな自転車。上はレース用でホイールだけで20万円!

絵画、観葉植物等は一切置いてないそうです。

Yohei Shiraishiさんに「なんで絵画等うるおいを感じさせるモノがないのですか?」と問い合わせた所、「モノは増やさない主義なんです」とのどストレートの乾いた回答が。やっぱり民泊だよ、これ…。ちなみに、ワインセラーは上段から高い順に並んでいるそうで、しょうもない友人が来ると下の段からワインを出す、との人間関係にまでコスパを重視するデリカシーが死んだ人格を裏付ける噂が流れています。

全自動洗濯機は有能な時短アイテム。ただ掃除ロボットは買っていないそう。理由は「自分でやった方がが早くてキレイ」だからとか。

モ、モデルルームなの!?

じ、地上げなの!?

（上）基本はさまざまな不動産の買い取り転売をされている東不動産さん。奥様の荷物が日に日に増えていっているとのこと。（右）こちらは表の顔。一見自宅でもバリバリ仕事できそうな感じが演出されている。

東不動産さんの まるで家族から地上げされている部屋

最後は環七の外側でサンドバッグになっている東不動産さんです。当初お部屋を拝見させていただいた所、非常に清潔に整った状態でした。ところが後ろを振り返ると、家族が一旦いらなくなったけど、捨てるか迷っているであろう大量の荷物達が雑然と…。中間処分場なのかな?どうしてこんな事になっているか尋ねたら「最初は小さな荷物だけだったけど、徐々に増えてきて可処分面積が減ってしまった」との回答が…。荷物を最終処分場へ運んで欲しい旨を上官に具申した所、もっと広い家を買え！との厳命が…。大丈夫です。

第4章

つらい不動産営業マンとゴリゴリ不動産営業マンの着こなし対決

これが〝リアルつらい不動産営業マン〟はと ようすけさんの着こなしだ！

Profile

はと ようすけさん

@jounetu2sen

賃貸仲介、売買の仲介をメインに行うリテール系の会社を数社渡り歩き、今は同じくリテール会社２年目。役職的には課長だが部下は無し（笑）。休日の日課はポスティング。

業績不振による店舗閉鎖、パワハラ上司にいきなり連絡が取れなくなる新規客。不動産業界で数多の苦難を乗り越えてきたはとさんは、どれだけ無理難題を出されても顧客ファーストを貫く。このスタイルも、そんな彼を象徴するような装いだ。「小汚い営業マンから家を買おうなんて思わないじゃないですか」と、お客さんの前では常にクリーニングしたてのパリッとしたシャツに袖を通す。スラックスは当然、一本気の性格を表すようなセンタークリースをきれいにかけ、ネクタイは誠実を伝えるネイビーに控えめなナローストライプをあしらった一本を選択。品行方正な佇まいは、「ジャラジャラとさせていた昔の不動産屋のパブリックイメージとは一線を引きたい」との気持ちの表れである。「とは言ってみましたが、生きるためにもう必死。ただただお金がないだけなんですけどね（笑）」。

はとようすけさんの
つらいポイント解説

ポスティング用バッグ
空いた時間を利用し行うポスティングはもうライフワーク。そんな時は、持ち運びに便利なこのリュックが活躍する。「この大容量が何かと役立つんです」。

ドンキホーテで買った靴
お客さんからのお呼びだてには即時対応がモットー。その足元を支えているのがこちら。「リーズナブルな一足。革靴は履きつぶしてなんぼの僕にうってつけ」。

リアル“龍が如く!”ゴリゴリ営業マンたちの着こなし流儀!

Profile

物上げマシーンさん

@butuage_machine

なぁあ!!歴10年超のクリスタル系ボスゴリラ。KoK（キングオブキング）の物上げカンパニーでホームラン級の乱打線を経て球団を創建。現在は少年達を電話で囲い人間力連続ノックを浴びせてエンドイーターに育成中。針穴に受話器を通すタイプの金属製物上げラージャ。好きな食べ物はパイナップル。

厚い胸板、広い肩幅。スポーツで培われた肉体は既成スーツでフォローできないため、全てフルオーダーという物上げマシーンさん。「アフター5の〝外交用〟」と語る着こなしは、随所に挿したオレンジが夜の街にひと際輝く。タイのカジュアルなペイズリー柄がスーツのカッチリ感をいなし、サイドエラスティックのオーダー靴も印象的。飲みニケーションの場でより効果的な働きをする、インパクト重視のそのスタンスは、単に「根っからの目立ちたがり屋」といった性格からきているわけではない。源流は〝師匠〟と呼んで憚らない尊敬すべき先輩の姿にある。「若い頃は先輩の姿が輝いて見えましたね。すごく憧れました。うちの若い子らにも僕を通して夢を見てもらえたら」。師匠から受け継いだレガシーを後輩に継承する…。ド派手な佇まいには、そんな想いも込められているのだ。

物上げマシーンさんの
ゴリゴリ
ポイント解説

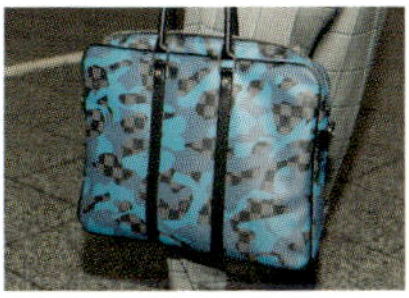

カモ柄ブリーフケース
メゾンブランドの人気モデルをベースに、大胆にもブルーのカモ柄を重ねた斬新なアイテム。「さりげなく腕時計と色の足並みを揃えてみました」

腕元には“ウブロ”
「小物のインパクトが強いので手元は控えめに」と選んだ腕時計は“ウブロ”。男らしさと洗練を匂わす深みのあるネイビーのインダストリアルデザイン

裏地も主張するスーツ
グリーンラインのウィンドウペンをあしらったジャケットをめくると、裏地にはブルーベースの爽やかな総柄が。周囲の視線を集める気の利いた仕掛け

Profile

区分密漁くん

@1r_mitsuryo

ブツアゲー筋10年ちょい。不動産マーケットの爆発にあわせて複数回の会社蒸発を体験。免許番号（1）番の水槽に生息する感情パンチドランカーです。ど底辺わんぱくフルコミ少年として日々ひっそりと区分を密漁しています。合コンでは「仕事?パティシエだよ」と答えます。

「理由は定かではないですが、〝1R〟業界はとかく派手好きな人が多いように思います」と語る区分密漁くん。そのため、コンサバなアイビー風のジャケパンが他者と差別化を図るうえではちょうどいいという。ただ、嗜好しだしたのは年を重ねてから。若かりし頃は、派手なストライプスーツに袖を通していた。「自分自身を客観的に見だしたのが大きいですね。自分の薄い顔と性格を考慮したら自然とこのスタイルに収まりました」とか。

とはいえ、目立ってなんぼの業界。埋没は避けたいとギンガムチェックのシャツを導入。ベストもジャケットとは異なる色を選び、パンツはなんと濃紺デニム。「昔から好きなんですよ、デニム。しかもずっと濃紺。休日もデニムを穿きますが、そちらも濃紺です」。実用面と端正な趣の両得を狙ったチョイス。しかもそれがユニクロだというから恐れ入る。

区分密漁くんの ゴリゴリ ポイント解説

超ゴージャスなロレックス

不動産業界に限らず、大人の男たちの名刺代わりとなる腕時計。区分密漁くんは保守的な“仕事着”に反し、ゴールドの輝きが眩しいゴージャスロレックスで

1R屋ならではのバッグ

黒のアッパーとシルバーパーツに都会的な空気を宿すブリーフバッグ。「コンパクトに見えて、その実容量も十分。1R屋は資料が多いので頼れる相棒です」

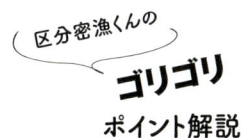

歌舞伎町一番街
架電

第5章

つらい不動産営業マンたちの「あるある」座談会

体育会系？ブラック企業体質？頑張れば頑張っただけ給料になる？不動産業と言えば、一般的な企業とはちょっと違う働き方のイメージ。そんな不動産業界の日々の業務のなかのトホホな出来事をＴｗｉｔｔｅｒでユーモラスに語るのが、全日本宅地建物取引ツイッタラー協会（通称・全宅ツイ）の面々だ。今回は地主の靴ペロや法人取引先への滑り込み土下座、クソ物件オブザイヤーの選定と、忙しく働く全宅ツイの皆様にお集まりいただき、不動産営業マンの悲哀について語ってもらいました。

不動産営業マンの最近あった「つらいこと」

あくのふどうさん（以下あくの）：みなさん、平日の昼間というお忙しい時間に仕事をサボってお集まりいただき、ありがとうございます。

あくの：まず自己紹介からはじめましょうか。まずは私から。私のＴｗｉｔｔｅｒでの名前は「あくのふどうさん」というアカウント名のバツイチです。外国人の彼女がいたんですけど、最近どうやら海外に彼氏がいることが発覚しました。いまの本業は不動産のブローカーで、個人の所有不動産はゼロ。最近、フラット35に借り入れを申請したら「仕入れ資金だろ！」って言われて融資を断られました。

リチャホ：ホントに仕入れ資金だったんですか？

あくの：いやー。なんかまあ、難解な条文入れたら弾かれちゃった。あの人たち、よく見てるね。じゃあ次は若手の峰くんで。

峰　不二夫（ツーブロちゃん）（以下ツーブロ）：前職はバンドマン兼セクシャルマイノリティのためのソーシャルネットワークサイトを運営、現職はリテールで個人向けの営業になって7年目です。住まいは義理の祖父が所有する自社ビルで、一階に義実家の職場があるため、平日休みの私は昼から肩身狭く少し離れたコンビニでお酒買って飲んでます。夜の営みに悩み中です。

はと ようすけ（以下はと）：嫁の家族が一階で働いてる物件に住んでりゃ[redacted]ックスレスにもなるよねｗｗｗ。じゃあ次は僕で。「はと ようすけ」です。高校卒業後に賃貸仲介、その後に売買の仲介をメインに行うリテール系の会社を数社渡り歩き、今は同じくリテール系会社2年目です。役職的には課長なんですけど、課に僕ひとりですｗｗｗ。偉そうに見せるための名ばかり管理職です。父の実家を相続して実家で暮らしています。ずっと営業です。

リチャホ：僕もツーブロさんと同年代で、不動産仲介業者に新卒で入社して10年ちょっとになります。自己所有の不動産に住んでいるのですが、家を建てるときに勤め先のメインバンクが一切お金を貸してくれませんでしたｗｗｗ。

あくの：なんで？　歩合制だから稼いでるでしょ？

リチャホ：歩合給の割合が多すぎたんですよね。歩合の比率が高いんで社内でも売上の取り合いは日常茶飯事です。あと、お客さんは法人のみなので基本的に土日は休みです。

はと：えーー！　いいなぁ。この業界は土日休みの営業マンが偉いんですよ！

リチャホ：今日は平日なんで、東京出張のついでに参加しました。かずおさんも土日休みですよね？

かずお：ウチも土日休みですね。あ、「かずお君」と言います。中堅デベロッパーで不動産流動化の部署にいました。銀座で物件をバンバン買ってたら、リーマンショックで会社が数百億クラスの負債を残して華々しく飛んだんですけど、そのうちの4割ぐらいが僕の関わってた案件でしたｗｗｗ。今は事業会社の不動産部に勤めています。

あくの：それは輝かしい経歴。巨額の負債を作れるのもキャリアのうちだ。

野球くん（以下野球）：じゃあ次は僕で。「野球くん」という名前でＴｗｉｔｔｅｒをやってます。いまは老舗の地主企業に就職して、カウンターで「ぼぉ〜」っとしてます。会社の賃料収入のほぼすべてが駐車場ですし、会社の戸建賃貸をリフォームして安く住んでたり、完璧にぬるま湯に浸ってますね。

あくの：ぬるま湯の前はどうだったんですか？

野球：前職は中堅マンションデベだったんですけど、しんどかったのは商社と一緒にやってたプロジェクトですかね。最初は資本比率が8：2とかだったのにリーマンショックのせいで、気がついたら1：99とかになっちゃって、何百人の入居者を相手に2週間で同意書をとった時はつらかったですね。

あくの：え〜っと、野球さんから〝つらい話〟が出たところで、座談会始めましょう！まずは「最近あったつらいこと」について。何がつらいって考えた時に、やっぱり思うように売上が上がらないときがつらいと思うんですけど…。

はと：そうですね。最近、やる仕事やる仕事うまくいかなくて…。僕、先月は25組くらい案内をしてるんですけど…。

野球：すごいっすね。1日1件のペースだ！

はと：それだけ働いてるのに手数料が削りに削られて100万円とかになっちゃうと、「いっそバイトした方が稼げるんじゃねぇかな」って思っちゃいますね。

野球：時給に換算すると…ほんとだwww。

はと：ガソリン代や駐車場代とか経費は自分持ちなんです。経費をたくさん使って、顧客が「契約する」って言うから管理会社に高いお金を払って「重要事項に関する調査報告書」も取り寄せたんですけど、そのお客さんは2回もキャンセルしたんですよ！大●さん管理物件の「重要事項に関する調査報告書」の金額、1万5000円も取るんですよ！そういうのが積み重なるとバイトしたほうがいいんじゃんって。売上が思うようにいかないのもつらいけど、自分のお金がドンドン減っていくのと、時間を無駄遣いしているのがつらい。

あくの：営業には無駄打ちも必要だけど、それはつらいですね…。

はと：何千万の物件の買い付けって「やっぱやめます」のひと言でキャンセルできるほど軽いもんなの、って思うんですよ！

ツーブロ：ウチの会社は個人の方からマッチングサイト経由で「売りたい」って査定依頼の連絡がバンバン来るんです。それで先月はたぶん30件ぐらい査定書を作ってるんですけど、査定書を作っただけで媒介はゼロ。

あくの：それはやばい。

ツーブロ：査定書を作って届けて「査定の依頼、ありがとうございます！ご検討状況いかがでしょうか？」って電話したら「まだ売るつもりないんで。どのぐらいの価格か知りたかっただけなんで」ってガチャ切りですよ。コッチは査定書を作るだけでマッチングサイトに1万円ぐらい支払わなきゃいけないんです！自分の物件の価値を知りたいからって売る気もないのに連絡してこないでよ…。

野球：ぶっちゃけ、そのシステムっていくらでもイタズラができるよね。僕がマッチングサイト側の人間だったとして、適当なメアドから査定の連絡するだけでお金がチャリンチャリン入ってくるじゃん。

ツーブロ：イタズラは本当に多いですね。大宮に住んでる「鈴木宗男」から査定依頼が来たことありますよ。さすがに怪しいと思って査定書を作る前に謄本確認したら、案の定イタズラでした。

あくの：同性同名じゃなかったんだ。ｗｗｗ。

ツーブロ：それだけ無駄打ちを経て売却の相談までこぎつけて、3週間ずっと説得して最終的に売主が言った言葉が「わかりました。6社で一般で売ります」って、専任媒介じゃないんかーい！ 一般だと弊社より販売力のある大手さんがゴリッと売却しちゃうから、説得しようとしても無理でした。

はと：この手の案件は住●不動産のゴリラが来たら終わり！

ツーブロ：パワー系のゴリラがぜんぶ持っていきますからね！

あくの：ツーブロさんは嫁の実家住まいですよね？じゃあ、もし自分がお義父さんの家を売る段取りをすることになったらどうですか？

ツーブロ：う〜ん、営業目線で見ちゃうと築年数、メンテナンス状態、入居率…高確率で業者に買ってもらいますね。瑕疵担保ないし、何より話が早いですしｗｗｗ。

あくの：それ自分のじゃないからでしょ！ 自分の家だと？

ツーブロ：そうなると、一番高い査定書を持って来た会社から順番に…。

あくの：そうですよね。査定が高いところに一旦任せたい。
野球：専任は出す？
ツーブロ：最近は各社ともに専任だと「ハウスクリーニングします」とか「設備点検、瑕疵保険をつけます」とか、色々とサービスがあるじゃないですか。それを享受するために、まずは一番査定金額の高い会社に専任を出して、3ヶ月ごとに各社変えていくと思います。●村不動産様にクリーニングしてもらって、3ヶ月後にリ●ブルにもう一回クリーニングしてもらうｗｗｗ。
野球：ライバル会社の金で自分の物件がどんどん綺麗になってバリューが上がるライフハックｗｗｗ。
ツーブロ：そして1ヶ月ごとに「なかなか売れないし、他社さんで専任を考えてるんだけどね」って言いつつ、手数料を10％ずつ下げてもらう。
野球：完璧にクソ客じゃん！
ツーブロ：自分がやられてイヤだったことを全部やってやるつもりです！
野球：それはそうと「まだ売れないんですか？」って売主から言われるのつらいよね。
峰：私の場合は顧客がいなくても「います！」って言ってしまうんですよね。自分の中で10パターンぐらいの顧客像が設定してあって、売主には「30代の夫婦が似たような条件の家を探してるので、勧めておきます！」とか適当に伝えて、なんとかして似た感じの顧客を探し出すんです。

あくの：最初は営業でも結果的にキレイに着地すればいいから。

はと：俺も当日の朝に内覧のドタキャンをくらって、このままじゃ売主から専任を切られると思って、母親に3000円渡して内覧に連れていったことあります。そしたら母親が「わー、すごい素敵なお家！」とか気に入っちゃって「買いたい」って言い出したりwww。

野球：まさかのお母さんから感度（注釈1）出ちゃってんじゃんwww。

はと：俺じゃローン通らねぇし、母親が感度を出してどうすんだよ！

野球：売主も「あれだけ好感触なら売れるだろう」って期待しちゃうし、つらいな～。買ってあげなよwww。

リチャホ：僕的に最近つらかったのは2年追いかけてる案件ですかね。出張も行ってたので経費も30万円ぐらい使ってるんですよ。で、売主が上場企業で、やっと買主が見つかって契約書も全部ハンコも押してもらってたのに、夜中の3時くらいに、いきなり会社に「すいません。やっぱり買いません」ってFAXが入って、それでオジャン。

注釈1
※感度：物件を内見した顧客が対象物件に対して興味や関心がうまれた状態の事。
例：顧客「いままで物件の中で一番ええやん。」
仲介「そういって頂けて嬉しいです。（こりゃ、いけるやん）」

はと：夜中にメールとかＦＡＸで断ってくることあるよね。そんなの酷くない!?

リチャホ：経費や売上のこともあるんですけど、約束を反故にされた精神的なつらさもキツいですねぇ。

あくの：売主側も売れるはずの案件が急に壊れちゃうと、我々に対して不信感を抱きますよね。

リチャホ：複数件専任もらって可愛がってもらってる法人さん相手にはじめて起こした事故だったんで、速攻で担当者のところまで行って滑り込み土下座で許してもらいました。

あくの：リチャホは外資の資本入ってるとこに勤めてるんだよね？ 外資系なのに土下座なんてするの？

リチャホ：常に土下座できる体勢をとってます！

野球：サムライだねぇｗｗｗ。

かずお：そういうとき、同僚の白人も土下座するの？

リチャホ：アイツらはそもそも謝らないですね。トラブルがあっても脚組みして踏ん反り返って「あぁ、ゴメンゴメン」みたいな。同行してるコッチからしたら「はぁ!?」って感じです。

はと：「謝ると裁判で負ける！」って文化らしいですね。

かずお：売主から専任で持ってる物件でそれをやられるとつらいっすね。売主と買主に挟まれて、さらに社内でも横柄な外人に挟まれて、胃が痛いっすねｗｗｗ。

リチャホ：今の拠点で7人営業マンがいるんですけど、先月の売上が25万円だったんですよ。「タピオカ屋やったほうが儲かるじゃねぇか！」って部長に怒られましたもん。四半期で売上を達成していれば問題は無いんですけど、できなかったらまぁまぁヤバい。

あくの：逆に予算達成がほぼ見えてるときは「この案件、来期の売上に計上できるように年を跨いでから契約するか…」みたいな調整もするの？

リチャホ：ぶっちゃけ、考えたりはしますね…。

はと：でも、案件を寝かしておくと破談になることもあるよね。俺も「来月に回そうかな」と思ってたら、壊れちゃったことがあった。

リチャホ：法人相手は時間を空けちゃうと状況が変わって破談になることが多いですね。個人の場合は寝かせておくと不動産に詳しい親族とかよく分からない占い師とか出て来がち。これはこれでメンドいｗｗｗ。

はと：占い師とか不動産投資会社に勤めてる知り合いとか、有象無象が湧いてくるよねｗｗｗ。

こんな上司&部下がいてつらい…

あくの：じゃあテーマを変えて。「こんな上司・部下がいてつらかった」って体験はどうでしょ？

はと：俺の上司の場合は暴力と…。圧力と…ｗｗｗ。

一同：ｗｗｗ。

はと：野●證券さんの話とか聞くと、不動産業界と一緒だなって思いますね。顔の2センチ前で怒鳴りながら鬼詰めしてきたり。そういうときは言い訳や弁解をすると長くなるだけなんで、ひたすら謝ってるほうが良いですね。「説明しろ！」って言うからキチンと説明したら「言い訳すんな！」って怒鳴られたりするもん。

野球：ハイしか言えない、って高校野球かよｗｗｗ。

はと：軍隊的ですよね。「朝までポスティングしろ」とかも言われますし。だいたい、まず朝9時に出社して朝礼で2時間ぐらい罵倒されるじゃないですか、それが終わると11時ぐらいになるんで、とりあえずお昼ご飯食べて「個別ミーティングな」って言われて4時間ぐらい個別でミーティングして、その後で通常の業務をしてると「お前、ずいぶん余裕があるな」って言われて夜のミーティングが始まる、みたいな。1日中ずっとそのオジさんと話してる時期がけっこうありましたね。

野球：そのうち間違えて「お父さん」とか呼んじゃいそうｗｗｗ。

はと：ホントにあの頃は家族や友人よりクソ上司と一緒にいる時間のほうが長かったですね。嫌われてる上司って部下に話を聞いてもらいたいからミーティングを口実にするんですよ。そこで延々と「俺の時代はこうだった」とか精神論を聞かされる。

かずお：もともとリテールやワンルーム営業の場合だと、大量採用＆インセンティブの割合も大きめに設定しておいて、後はガンガンに詰めていけば数字取れない奴は勝手に辞めて精鋭が残るでしょ、って仕組みですもんね。だけど最近は人を採用するのも大変になってきたから、そのやり方も通用しなくなってきてる。

はと：ウチも「一緒に頑張っていこうな」って優しかった上司が試用期間が終わった瞬間に豹変して鬼詰めしだすから、新入社員がある日突然いなくなるですよ。で、昼頃に「そう言えばアイツいなくね！？」って誰かが気づいて、家まで迎えに行くｗｗｗ。

野球：家の前で仲いい奴が「おーい。はとくーん、出てこいよ。戻ってこいよ。俺も一緒に謝るからさ！」ってやるの？

あくの：やっぱり部活じゃん！すごいなぁ。

はと：仕事してる時に歯を見せたら怒られてましたからね。「スーツ着てるときに笑うんじゃねぇ！」って言われて以来、僕はこの会社では私語をしない、って決めてました。

野球：なにそれ!?「ユニフォーム着たら私語禁止！グラウンドでは笑うんじゃねぇ！」みたいな!? 完全に高校野球のノリじゃんｗｗｗ。

ツーブロ：「グラウンドにはゼニが落ちてるんや！」みたいなｗｗｗ。

かずお：でも、自分もマネジメント側になって感じるんですけど、やっぱり部下って詰めたほうが頑張るんですよね。

はと：そう！それは間違いない！誰かひとりを怒ることで、営業部内全体に緊張感がバッて広がるんですよ。それで危機感をもって仕事をやり始める。鬼詰めされる人は売上のための生贄なんですよｗｗｗ。

かずお：営業マンって生き物はプレッシャーをかけると頑張るし、かけないと、さっきの話みたいに来期に先送りとかしちゃうんですよ。だから胸ぐら掴む勢いで「なんかあんだろお前！ウチの部がピンチなんだよ！隠してるネタ出せよオラッ！」って詰めると、ちゃんと何とかひねり出してくる。

あくの：叱咤激励ってよりカツアゲ。

かずお：自分もぺーぺーの時からヤバい時用の案件を隠し持ってたから、隠してる奴はわかるんですよね。

野球：その手のブラックさで言えば、●建ハウジングもつらそうですね。前は体育会系の根性ある若者を入れてたけど、それでも辞めちゃうから今は自衛隊上がりの人を採用してるって聞きましたけど。

ツーブロ：自衛隊上がりの人は根性ありますもんね。

はと：●建の数年前の話ですけど、社内で「歩いてる」と怒られるって言ってましたね。時間がもったいないから「早足」で歩かないといけないらしい。カーナビ使うと怒られて「裏道」使わなきゃいけないとか、生き急いでますね、常に。あと、たまに鍵借りに行きますけど、役職のオーラ半端ないです。色見えます！赤オーラ出てます！

ツーブロ：オー●ンあたりはどうなんですかね。

あくの：オー●ンはそれなりに詰められるけど、暴力とかは無いんじゃないですかね…。さすがに上場企業だし。

リチャホ：オー●ンの事務所にお邪魔した時、応接にいたんですが、怒声がすごかったですね。「行ってきます」の声が絶叫でしたもん。勤めてる人いわく「当日に家を押し売りする能力しか身につかない」って言ってましたね。測量図の見方とか工法についてとか知識を持たないまま、クロージングの技術だけで申し込ませる感じ。不動産っていうよりも小売に近いですね。

はと：結局、「売上げが上がって金が稼げればいい」って体質の会社だとそうなっちゃうんでしょうね。そういうのをできる人はワンルームの電話営業とかに向いてるんじゃないですかね？

かずお：そういう会社のマネージャーって、部下の精神を壊さないで馬車馬のように働かせるギリギリのラインを見極めてたりするんですよね。

あくの：前にワンルーム営業の人から聞いた話だと、会社の飲み会がある日に上司が「俺は行かないけど、お前ら今日はこれ売った金で飲んでこい」って言って、ロレックスのデイトナを腕から外して渡してたらしいんですよ。その人は一生その上司について行くって言ってました。そういうパフォーマンスや男気が大事にされる業界っぽいですね。

ツーブロ：最近流行りの特殊詐欺グループみたいな話じゃないですかｗｗｗ。

つらい社内の雰囲気について

あくの：他のみんなの上司や会社の体制についてはどう？

リチャホ：僕、詰められたことないんですよね。会議も週に1回だけだし。

あくの：リチャホのところは数字が上がってりゃいいけど、上がってないとクビだもんね。

リチャホ：ですね。だからみんな他人には興味が無いけど、他人が持ってる決まりそうな案件に対しては興味津々でハイエナのようにたかってくるんです。感度の高い案件の書類はPCの奥のほうに隠してるのに、次の日に出社したらなぜか概要書のエクセルデータが開いてる、みたいなwww。

あくの：自分じゃない誰かが勝手にPCをイジってのぞき見してるんだ。

リチャホ：そう。だから机の上に書類を置いておけないんですよ。ぶっちゃけウチの会社ってインセンティブの割合が最大で20%近いんですよ。

野球：ってことは、1億円を売り上げたら2000万円の歩合給ってこと？ 夢があるね！

リチャホ：もちろんそこまで割合をあげるには相当の売上げを立てなきゃだし、社内のハイエナがすごいんで1億円の売上のためには2億5000万円ぐらい売上作らないといけないんですけど。

はと：ハイエナがたかってくるんだ。後には骨しか残らない、みたいなｗｗｗ。

リチャホ：事務の人も年末になると我々が契約書を渡すと「おめでとう」じゃなくて「ありがとう」って言うんですよ。彼らのボーナスも我々の売上に左右されるんで。

はと：リテールはインセンティブや案件単価が低いと思われがちだけど、社員10人の店舗で年間10億円売ってるところも都心にはあるし、まだまだ夢はありますね。

ツーブロ：高級住宅街にあるリテールの支店で稼いでいる営業は、いかに顧客にストレスを感じさせないで買ってもらうかに全精力を注いでいる場合が多いですね。顧客も上場企業の役員さんが多いから、物件の案内も土日には絶対にしないで平日に先方の時間が空いたときに案内したり、引き渡しまでの作業をスムーズにできるように腐心するし、ローンについてなんか口が裂けても言わないってのを続けて、今は年間売上高1位って人いますね。

はと：リテールの場合はどこの地域に配属されるかも重要だよね。物件の動きが無い場所に配属されると、どう頑張ってもムリ。僕の前にいた会社で年間で1億ぐらい売り上げるトップ営業マンが居たんですけど、狭山に飛ばされちゃたらタコってました。あれだけ優秀な人でも「分母がゼロだと売れないんだ」って痛感しましたね。

あくの：畑のないところに種撒いちゃった。

はと：売れてない営業所にトップセールスマンを連れてったら数字が上がると思ってたみたいで。ホントはセールス力のある営業マンほど物件の流動性が高い場所に連れて行かなきゃなのに。

野球：それは会社のマネジメントが悪いよね。別のところに連れて行かれると、そこから地場の業者との関係も作り直さなきゃいけないし。

ツーブロ：ウチは日本的な企業だからどれだけ成績が悪くても絶対にクビにできないんですよ。今年も新入社員が入ってきたけど、そいつは7ヶ月ずっと契約を取れてないですから。それでもクビにできない。そんなの、一緒に働いてるほうの士気も下がりますよね。

あくの：ある意味で福利厚生がしっかりしてる、とも言えるけど。

ツーブロ：私が新入社員だった頃に部長とか課長だった人が再雇用になって、若い人から怒られながら雑務をやってたりするのを見ると、すっごい気まずいですよ。

あくの：夢も希望もない。

ツーブロ：元部長だった人に「課税の金額が間違ってますよ」って指示を出さなきゃいけないの、すごいつらいですね。

あくの：不動産営業マンがつらいっていうより、会社の仕組みがつらい。

つらい不動産営業マンはどこへ行く…

かずお：リテールの営業マンって若い世代が多いじゃないですか。オジさんたちってどこに行ったの？　一定数が課長や部長として残ってるのはわかるけど、それ以外の人たちはどうなっていくのかな？

ツーブロ：弊社にいるマネージャーではなくプレイヤーであり続けたい40～50代の営業マンは、みんなヘッドハンティングで●ニー不動産に転職しましたね。

一同：あーー!!

あくの：●ニー不動産に行く人は多い。あそこは前職の年収保証だから転職しやすいんですよね。

かずお：でもそれはデキる系のオジさん営業マンでしょう？　デキない系のオジさん達はどこに行っちゃうの？

ツーブロ：関連会社に出向させられて、マンションの管理人にさせられちゃいます…。

あくの：あー。でも鬼詰めされながら修羅場で戦い続けるよりもそっちのほうが心が平穏で良いかも。

ツーブロ：土日関わらず電話が鳴ったりモンスター住民に捕まったり、あれはあれで大変みたいですよ。もともと心を病んで出向したのにさらに心を病んでしまって、一年ぐらい入院してるオジさんがいますｗｗｗ。

あくの：どっち引いても貧乏クジだー。つらいな〜…。

はと：僕は30歳半ばなんですけど、40歳を越えるとリテールの営業マンって一気に居なくなるんですよね。だいたいみんな疲れちゃって業者転売とか再販のほうに移っていく。

ツーブロ：そっちのほうが業界人同士の交渉でラクだし数もこなせますもんね。

あくの：買い取りは年配の営業マンもいっぱいいるもんね。

はと：お客さんがいきなり夜中に「キャンセルするから」って連絡してきて、僕は夜中にクルマを飛ばしてお客さんの家まで行って2時間ぐらい説得するわけですよ。50歳になっても「今から行きます！」的な仕事を続けてたら、きっと死にたくなりますもん。

ツーブロ：50歳ぐらいになると諦めの境地に達しますよね。情熱的な営業マンではなくなる。問い合わせが来ても「物件見ますか？」のひと言が出なくなってくる。自宅のローンも完済して子供も大学卒業したし、頑張るモチベーションが無くなってるんだけど、会社に居ればお金が貰えるから辞めずに続けてるって人も多い。私も50代になって数字が上がらないときにポスティングする元気があるかって考えたら、たぶん無いです。

はと：俺も50代になってポスティング中に住民に怒られるのイヤですもん。俺、前にポスティング中に文句言ってきた奴を無視してたら「やめろって言ってるだろ‼ 聞こえてんだろ‼」って怒鳴られてタックルされたことあるんですよ。びっくりしてバイクで逃げたら、その人も追っかけてきて、一緒に街中をツーリングしたもんｗｗｗ。

あくの：またまたー！話を盛ってるでしょｗｗｗ。

はと：ホントなんだよ‼ 「警察に行くからついて来い」って言って、ずっと追いかけてくるの。管理人とか住人に怒られるのはホントにつらいですね。いつまでチラシ撒くんだろうって考えると暗くなりますもん。

あくの：最終的にどうなったの？

はと：警察署に連れてかれて、指紋を取られて怒られて「すいません。売上が上がらなくてやりました」って謝りましたね。社長が身元の引き受けに来てくれたんですけど、社長も「頑張った結果だから仕方ない」みたいな感じで怒らないんですよ。

かずお：そうなると不動産営業マンの40代以降のキャリアデザインって、独立するか、リテールのマネージメント側にまわるか、土日休みで一発デカいのを当てたら予算を達成できる法人営業を狙うか、ユルい地場不動産に天下ってのんびりカウンターに座って過ごすのか、みたいな感じなのかもね。

はと：あとは会社の金をパクって逃げるとか。最近は振込みがほとんどですけど、ひと昔前は手付金って現金払いだったから、会社に500万とか600万とかのお金がポンと積んであったりしたんですよ。それをパクる。ちなみに僕の最初の上司は金をパクっては東に流れてを繰り返して、いまは東金のあたりに居るという噂を聞いてます。

野球：もう後は大洗しかないし、その先は海だｗｗｗ。

はと：最終的に海に浮かぶんじゃないですかね。

あくの：私の周囲でも知り合いから「某仕入れマンが決済に来ないんですけど、なにか知らないですかね？」って連絡が来たことがあって。なんか買いの決済に来ないんですって。で、その時は反対側で買主の手付けパクってたらしいんだけど、何度も同じようなことをしてるみたいで、聞いたところによると、その件も含めて6000万円近くいってて、知り合いが彼に「このままいくとヤバいのはわかってると思うけど、どうなっちゃうの？」って聞いたら「もう行くところまで行くしかないっすよ…」とか言ってて…。

野球：それはヤバいｗｗｗ。

あくの：キャバクラいってもすげぇ苦しそうな顔して酒飲んでるらしい。飲み代も封筒から直接出した金で払うんだって…。

野球：口座に入金できない金だからｗｗｗ。

かずお：最近聞いた流行りの手口だと、三為の取引で銀行の応接室2つ借りて、三為業者がAから預かったお金をCの部屋に運ぶフリして走って逃げる、ってテツクルさん（注釈2）さんが言ってた…。

野球：手口がどんどん原始的になってる（笑）

あくの：テツクルさんにお金返すとき銀行に来てくれって頼んだけど、テツクルさん頑なに拒んだからな〜。

野球：だからテツクルさん、最近ランニングシューズ履いてるのか！

かずお：それにしても手付けを営業マンが持ち逃げするとか、庶務さんが印紙をパクるとか、上司がキックバックを貰ってるとか、この業界って金にまつわるトラブルが多いよね。

野球：「女に貢ぐ金が足りなくなってパクる」みたいな話も聞きますね。

あくの：動機があるから金パクっちゃうやつだ。

野球：僕はそんなに撒いたことがないんですけど、ある日、上司が「広告代理店がこの値段じゃポスティングできないって言うから、みんなで撒くぞ」って言い出したんですよ。で、その上司も一緒になってポスティングを頑張ってたので現場に理解のある良い上司だなぁと思ってたんです。で、蓋を開けてみたら上司が代理店からキックバックを取りすぎたせいでポスティング費用が捻出できなかったらしく、結局その人は論旨解雇になってましたｗｗｗ。

リチャホ：法人営業は建築が入ると業者の数も多いから大金が動くし、我々でも見積もりの詳細をチェックできないので、やりたい放題ってマックでＪＫが言ってました。

かずお：会社によっては内装とか解体とか業種ごとに業者が指定されてますもんね。解体は常務が連れてきた業者、みたいな。「あー、そういうことか」って思いますもん。

ツーブロ：弊社は自分で業者を選べないシステムになっています。過去にＫＢあったのかな…。どうしても特定の業者を使いたかったら、お客さんが連れてきた業者ってことにするしかないんです。

注釈２
※テックル　@tetukuruixi
テックル金融公庫の総裁としてパクス・ソウスイーナにおける会員間融通金利をＴ＋１５００ｂｐと定めた全宅ツイ版マーストリヒト条約の盟主。兼任する池袋西口ファイナンスの受付には今日も多数の多重債務者達が並び、乙区から甲区へ転換する登記手術を執刀されています。
Disclaimer (s)
①上限金利は業法に従うものとします。②テックル総裁は非全宅ツイ会員です。③過払い金返せ。

さまざまなつらさについて…

かずお：不動産営業のつらさって、新兵のときのスキルが足りなくて売上が上がらないときのつらさと、仕事は慣れてきたけどスランプで売上が上がらない時のふたつのつらさがあるじゃないですか。

ツーブロ：新人の頃のつらさってフラッシュバックしますよね。稼げるようになってるのにスランプになって数字が上がらなくなってくると、新人のときのつらかった思い出が蘇ってくる。それで「なんでかな、なんでだろう」って悩んだ挙句に「とりあえずチラシ撒こう！」って流れになる。テンパってて脳みそが働かないから、とりあえずチラシを撒くしか思いつかないｗｗｗ。

かずお：結局リテールは数打ちゃ当たるってのが大事だから、スランプになって行動力が落ちちゃうのが一番良くないよね。

はと：そう。つらい時こそ動かなきゃダメですよね。「もうこの仕事やめよっかな…。でも最後にとりあえずコレだけ撒いていくか」ってポスティングしたチラシが売上に繋がることもある。

ツーブロ：最後の千円札で確変を引く、みたいな感じですよね。

はと：パチンコかよ！ｗｗｗ。まぁ、でも気持ちはわかる。

ツーブロ：要するにギャンブルですよ。大規模マンションのポストを見てルーレットが回ってるように見えたら一人前の不動産営業マンｗｗｗ。

野球：ヤバいｗｗｗ。いい話だねぇ。

かずお：上司が四六時中詰めてくるのは、スランプになったときに行動量を落とさないための手段だったりするんですよね。

リチャホ：ウチの会社は外資系だからか、色々と勘違いして入社して来る奴が多いんですよ。そういう奴は営業に配属された瞬間にだいたい一瞬で辞めますね。この間も新人を連れて初日に謝罪のハシゴを3件やったら「ウチの会社って、こんなに謝るんですか…」って言って即辞めていきました。

あくの：外資系ならではのつらさみたいなのもあるの？

リチャホ：ウチの場合は基盤がしっかりしてるんで、営業スキルが身についた後は意外にぬるま湯なんですよ。売上を上げている人だと年収1億近くいきますし。

あくの：1億はすごい。そりゃ他の営業マンの案件も勝手に盗み見しちゃうわｗｗｗ。

リチャホ：金に狂う人はホントに多いですね。両手に百貨店の袋をたくさん抱えて「いやー、スーツいっぱい作っちゃったわ」とか言いながら出社したり、気づいたら超高級腕時計してたり…。でも、それだけ稼げてるのは会社の基盤ありきなのに、自分の実力だと勘違いして辞めちゃって、独立に失敗して出戻ってくる人も多いんですよ。

あくの：出戻っちゃったら、余計に案件の盗み読みをされるようになるんじゃないの？「お前がいない間にこの物件の面倒見てたの、俺なんだぞ」みたいな。

リチャホ：出戻るとどれだけ年齢が上でもまた一番下のぺーぺーからスタートなんで、よくありますねwww。ただ、ウチの会社は役職が上になるとクビになりやすいんです。

かずお：外資系の場合、マネージャーになるとクビのリスクが上がるよね。

野球：それは売上を上げててもクビになるの？

かずお：社内政治に巻き込まれてクビになる人が多いんですよ。本国からよく分からないお偉いさんがやってきて、いきなり「お前クビ！」みたいな。

リチャホ：パワハラやセクハラでクビになる人も多いですね。録音されちゃってたらアウト。前にエライ人が「女は黙ってろ！」って言ったことがあって、その人は一瞬でクビでした。噂が広がる前に机が無くなってました。

あくの：外資ならではのスピード感！

つらい不動産営業マンの家庭事情…

あくの：みなさんの家での居場所はどうですか？　リチャホは自分の家を持ってたよね。

リチャホ：僕の部屋、２畳ですよ。ウォークインクローゼットより小さい。

あくの：この中で唯一持ち家の人の自室が２畳って!?家族構成は？

リチャホ：嫁と子どもふたりですね。今月で結婚５年なんですけど、ちょうど家の設計をしている最中に浮気がバレちゃって、それが家の設計に大きく影響したんです。

野球：そりゃ自業自得だよｗｗｗ。

リチャホ：なんとか勇気を振り絞って「自分の部屋が欲しいです」ってお願いしたら、２階のトイレになる予定だったスペースを振り当てられました。

はと：トイレに住む不動産営業マンｗｗｗ。

野球：奥さんもリチャホさんがトイレ部屋にこもってるの見たら浮気のことを思い出しそうだね。

リチャホ：いまのところ３回バレてるんですけど、定期的にチクチク言われますねぇ。特に１回目と３回目は同じ相手だったんで、タチが悪いっすよね。３回目はさすがに離婚届を突きつけられたんですけど、なんとか逃げ切りました。

あくの：交渉力ある。

かずお：３回も許してもらえるってことは、仕事で学んだ謝罪の仕方が活きてるねｗｗｗ。

リチャホ：完璧に活きてますね。「すみませんっ!! 申し訳ありませんでしたっ!!」って具合に、何ひとつ言い訳しないですもん。「何でお返しをすれば良いでしょうか?」って対価でアサインに持ち込もうとしますね。

あくの：かずおさんは夕食の席についたら、奥さんの居る台所から「●ンタマ切り落としたら浮気しなくなるかしら…」って聞こえてきたんだよね。

かずお：気のせいですよ、きっと。空耳ですｗｗｗ。

ツーブロ：ふたりとも子どもが居るから離婚しないんですよね? ウチは子どももいないからなぁ…。

あくの：ツーブロの場合は嫁のカラダじゃなくて嫁の実家が目当てなんだもんね?

ツーブロ：「不自由なく暮らしたいんだ! そしてできれば●ックスしたい!」って叫びながら暮らすしかないですね…。

かずお：それはそうと、嫁の教育も大事ですよね。結婚直後に25日ぐらい続けて飲みに行ってたら、１ヶ月目に「アンタぜんぜん家でご飯食べないじゃないの…」って嫁が泣き崩れたんだけど、平静を装って「は? そんなもんだって〜。お前、不動産屋と結婚したんだよ!? 俺たちは飲みに行くのも仕事なんだから〜」で押し切った。
リチャホ：それ、僕もやりましたね。「キャバクラに行くのも仕事だよ」みたいな。ウチは午前3時に戻ってくるのがリミットで、それを越えると「女と遊んでる」と判断される。
あくの：かずおさんとはじめて会った頃、週4回ぐらい渋谷や新宿で飲んでましたよね。
かずお：あの頃はほとんど家に帰らなかったですね。嫁が僕の●ンタマを切り落とそうかどうか検討してたのはその頃ｗｗｗ。
あくの：営業マンやってると業者との飲みを優先しちゃうもんね。仕事関係者に限らず、Ｔｗｉｔｔｅｒで知り合った同業のオジさんたちと飲んでると楽しいもんね〜。
リチャホ：僕は地方在住なんで、皆さんと飲みに行く日が決まってから東京出張の予定を決めますｗｗｗ。
あくの：不動産屋のおっさん同士がマッチングしてるだけなんだけど。生産性がないｗｗｗ。
ツーブロ：でも普通の業界と比べて不動産関係者はみんな遊びや飲みが好きですよね。
野球：ストレスがすごいからねぇ。酒飲まないとやってられない。

つらい不動産営業マンのおカネ事情

あくの：やっぱり仕事の大変さに比べて給与が安いってのもあるからつらいってのもあるかもしれないよね。みんな実際のところお給料のところはどうなの？

ツーブロ：たぶんこのなかで歩合の割合が一番低いのはウチの会社だと思うんですよ。基本給プラス予算の達成率に応じた歩合給が加算されるんですけど、手数料で２５００万円計上していても、入金のタイミングで今期の売上として計上されるのは１５００万円、みたいなことがザラにある。だから、あまり頑張っても給与の額面は伸びないんですよね。２５００万円の売上で歩合給が１００万円ぐらい。これがフルコミの会社だったら歩合給だけで１２５０万円ですもんね。

はと：不動産業業界も大手になればなるほどサラリーマン化していきますもんね。そのぶん福利厚生とか終身雇用制度って面がしっかりしてるわけで。

かずお：給料が上がったり下がったりするとメンタルがやられちゃいますよね。だからつい飲みに行っちゃうんだけどｗｗｗ。

野球：そこら辺も不動産屋の醍醐味だったりしますもんね。

ツーブロ：それにしても、人生ってどうやったらつらくなくなるんでしょうね？給料の額なのか、それともお金以外の何かなのか、よくわからない。地主は地主で親族との関係で悩んでたり、大変そうじゃないですか。

野球：そうだね。資産があれば苦労はしづらいけど、安心はできないよね。最近「老後の自己資金として2000万円用意すべし」みたいな話もあったけど、不動産屋には関係ない話だもんね。

あくの：2000万円持ってたら不動産を買って投資に回しちゃう。

ツーブロ：いつまで経っても引退できないwww。

はと：逆に60代まで不動産業界の第一線でやってたら、あとは繋がりだけで食えるでしょ？

あくの：私は上司から「50代からラクになる」って言われた。「そこまでは辞めちゃダメだから」って。

一同：あ〜。

あくの：50歳まであと●年あるけど、最近は「確かにその通りかも」って思ってる。取り扱い額がデカくなってるし借金もしやすくなるから、前よりはラクかも。先輩たちの時代はもっとラクだったんだろうな。（体はボロボロだけど…。）

かずお：場数を踏むに従って、仕事の組み立て方はラクになってきますよね。

客とのコミュニケーションがつらい…

あくの：それとさ、結局のところ話の通じない客とのコミュニケーションが一番つらいのかも知れない。スペシャルなお客さんのワガママで、今までお膳立てしてきたことが全部ひっくり返っちゃうのがつらい。

はと：向こうの気分次第で解約、とかありますもんね。

あくの：よく将来的にAIが発達すると仕事が無くなるって言われてるけど、不動産営業のクロージングの場合はコミュニケーションや感情の重要度が高いから、なかなか機械化しづらいかも。

ツーブロ：買主さんを売主さんの家に連れて行って面会させて、買主さんに「あの売主さんの家だったら大丈夫！」って思わせたら勝ち、みたいなところありますもんね。

はと：逆の場合もありますしね。売主が「俺の家は大●組で建てたんだ」とか大嘘をついて破談になったり。大●組が普通の木造住宅を建てるわけないじゃん、みたいなｗｗｗ。

あくの：さすがに顧客のスジが悪すぎない？

はと：その他にも「トランプ大統領と友達だ」って言い張るお爺ちゃんとか色々な人がいましたね。そんな人が売主だから、みんな手を引いちゃって安値なのに売れないんですよ。で、僕も手を引こうとしたら「小池都知事にチクってやる」って言われたｗｗｗ。

あくの：コミュニケーションの必要性が無くならないとすると、この苦しみが永遠に続くわけで、どうしたもんかなぁって思いますよね。

ツーブロ：でも、独立して自分で不動産屋やってる人は生き生きしてるじゃないですか。あれはやっぱり自分で作ったプロジェクトを回すのは楽しいってことだと思うんですよ。会社に属しながら仕事を楽しむってのは、ある時点からできなくなることが多いみたいですね。

あくの：だからタイミングが来るとみんな独立しちゃうのかな？

ツーブロ：仕事のデキる人ならリテールとして独立して、仲間内の紹介案件だけで気の合う人と仕事するっていうスタイルを目指すんでしょうね。そうすればコミュニケーションのストレスを感じないし。

あくの：はとさんなんか典型的にそうだけど、不動産業界の人たちってサンドバッグ力が強いですよね。打たれても打たれてもへコたれない。はとさんはＴｗｉｔｔｅｒでも1対10とかでサンドバッグになってるときあるよね？

はと：みんなが俺に「こいつは宅建を持ってない」って責めてくる、みたいなｗｗｗ。「全員ミュートにしてるから、俺にはお前らのクソリプは届いてないからな！」って思ってます。

野球：でもＴｗｉｔｔｅｒがきっかけで案件が成立したこともあるんですよね？

はと：2回ありますね。「物件を探して欲しい」ってDMが来たあとで名刺を送っていただいて。流石に名刺を送ってきてイタズラってことはないだろうなと思ってアポを取って都心のマンションを買っていただいて、その後も別の物件も買っていただいて総額で1億2000万円ぐらいの売上ですね。

リチャホ：それは叩かれ甲斐がありますね。サンドバッグ力のおかげだwww。

野球：リチャホさんはTwitter経由で案件って決まったことあるの？

リチャホ：僕は無いですね。でもわかる人にはどこの会社かバレちゃうんですよね。僕が勤めてる会社のこともわかった上で「お会いしませんか？」って連絡が来ますよね。

あくの：Twitterで話してる内容でだいたいの勤め先とかわかっちゃうもんね。

リチャホ：同じ業界の人のツイートが止まったら「あ、あの案件で忙しいのかな」ぐらいまでわかりますね。社内でも何人かには身バレしてると思います。朝礼の後で隣の島から僕のツイートを音読してる声が聞こえて来たりするし。そりゃ会議中にずっとTwitterしてりゃバレますよねwww。

野球：実際のところ、不動産業界の動きについては業界紙を読むよりもみんなのツイートを見てるほうがよくわかるもんね。意外とそういうところに仕事のヒントが転がってる。

あくの：あ〜、確かにそうだね。

つらい不動産営業マンたちの未来は明るい？

あくの：ちなみにリチャホとはとさんとツーブロさんは、この先はどうする予定なの？

リチャホ：これ以上この会社に居たら自分もクソになっちゃうと思って、僕は年末で辞めようと思ってます。いまも滅茶苦茶トラブってる案件があるのに、その担当者が「あとよろしく〜」って捨てゼリフ吐いてハワイ旅行に行っちゃったんですよ。ウチの会社、好き勝手に有給を取れるから。

あくの：それはすごいね。でも有給が取れるからといって、数字は上げなきゃでしょ？

リチャホ：それはやれば良い話なんで。次は何度か取引をした経験もある売り買いの当事者の会社にお世話になれればと思って。これから転職活動予定です。

野球：おーー。同業他社に転職して怒られたりしないの？

リチャホ：基本的には大丈夫なんですけど、ＮＧの企業が何社かあって、そこに転職するのがバレたらロッカーや机も全部空っぽにされて有給も買取りで終わりですね。

あくの：そうなると先輩後輩の関係性も切れちゃうんだ。そうなるとＮＧ企業には行かないほうがいいね。

あくの：はとさんの今後の予定は？

はと：僕はいまの会社に転職したばかりなんで、なんとか会社を軌道に乗せるまでは頑張ろうかなって思ってますね。

野球：「リテール道」というか「リテール地獄」が続くんだね。

はと：皆さん「リテールは一人でやれる！」って言うんですけど、一人で反響取って案内して契約書作る、っていうのはモチベーションの面でもしんどいんですよね。やっぱり一緒に働く相手が必要。いまのところ不満はないんですけど、会社が続けばいいなとは思いますし、もっとキャリアを上げるにはどうしたら良いか悩んでるんですけど、これしかできないからストレスは溜まる一方ですね。

野球：ホントに大丈夫？ｗｗｗ。

はと：大丈夫なんですけど、怒られたりするとガクっと凹みますね。周りの人たちも独立して会社を構えたりとか、何百億の商談をまとめたりとか、ＴＶ番組に出ましたとか、色々いるわけじゃないですか。頑張ってる人たちを見てると「俺はポスティングして怒られてて大丈夫なのかな…」ってつらくなりますね。

あくの：ツーブロさんは？目が死んでるけど。

ツーブロ：私は会社内で色々な部署があるので、今の会社にいつつ希望の部署に行きたいですね。

3年目からずっと「法人担当者との関係性を作りたい」って言ってコンサルティング部のホールセールに行きたいって異動願いを出してるんですけど、まったく叶えてくれません…。あとは親会社の仕入れ部隊に出向したい、とか。

あくの：あ〜、いい。ステップアップだ。

リチャホ：僕も仕入れはやりたいですね。面白いと思います。

あくの：タイミング的にもちょうどみんな転職を考える頃なの？

ツーブロ：いまでも友人の会社を「お互いに金には困ってないけど、暇つぶしに休日にオープンルームを一緒にやろうか」みたいな感じで手伝ったりしてるんですよ。

あくの：家庭があったら休日を潰すのはなかなかできないけど、家庭が崩壊してるツーブロだからこそできることだね。

リチャホ：家庭に居場所が無いからオープンルームに行くわけだｗｗｗ。

あくの：オープンルームで思いっきり寝てる営業マンとかいるよね？

はと：鍵の場所も知ってるしｗｗｗ。

あくの：面白いな〜ｗｗｗ。色々と話を聞いてると、今後もつらい不動産営業マンが大量生産される気配があるね。

はと：我々が居なくなっても第二、第三の我々が誕生し続けるんですよ…。

毎日
死んだ魚のような目を
している…

第6章

つらい不動産営業マンたちのつぶやき part2

固定されたツイート

峰不二夫（ツーブロちゃん）@ebimank

事務所で営業電話だけしていればいいと思った？残念！壁に登っては靴をボロボロにし、売地に雑草が生え始めたら全部抜き、枡という枡を開け、2mのフェンスによじ登ってはスーツをボロボロにする。全部仲介手数料に含まれます。

#不動産営業マンはつらいよ

あくの：では後半戦いきましょう。あ、雑草抜くんだ…。

ツーブロ：抜きます。越境した柿の木切るのも、台風で飛びそうな扉を泥だらけになりながら打ち付けるのも、ぜーんぶ手数料に含まれます。

はと：越境してる枝憎い。

リチャホ：枝はターボライター。

ツーブロ：抜きます…。

リチャホ：米植えるんですか？

あくの：かなしいくらいリテールな写真。仲介手数料と言う名の労務バルクセール。

リチャホ：全部込み込みで3％＋6万。

かずお：冬の竣工検査とかつらかったな…足の指先かじかむの。スーツ支給してほしい。

はと：中古戸建の物件調査とかスーツ汚くなりますよね…。

ツーブロ：家の裏側とかはドローン飛ばして境界確認したいです。

はと：手数料はクレーム料でもある。

かずお：歩合ちゃんともらえないとつらいね。

ツーブロ：歩合0・75％です…。

リチャホ：金利かな…。

あくの：後半の不動産人生が草むしりとかだったら、そこではじめて後悔するかもしれない。
ツーブロ：私が45歳になったとき30歳の若武者を案内しながら「いやー草が生えるのも早いですね！大丈夫ですよ！引渡しまでに私が抜いておきますから！ね！」って言ってる自分を想像すると人事部行きたくなりますね。死にたい。
あくの：ちょっとつらくなってきたんで解散してせくしーきゃばくらいきましょう。
かずお：聞いてらんない。
あくの：まあ、地銀の若者も地主の引っ越して手伝ったりしてるしね…。

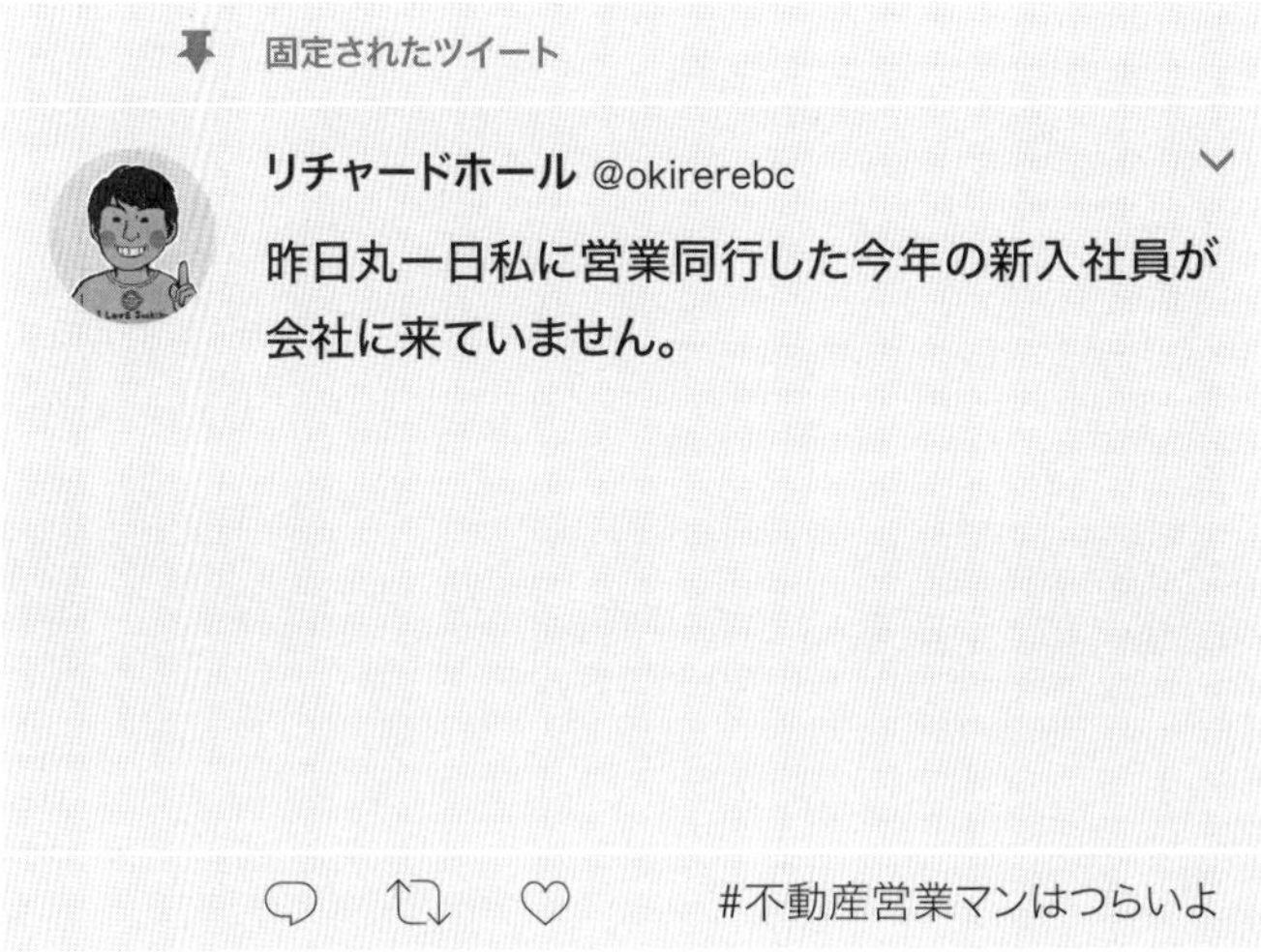
固定されたツイート
リチャードホール @okirerebc
昨日丸一日私に営業同行した今年の新入社員が会社に来ていません。
#不動産営業マンはつらいよ

ツーブロ：これどういう状況だったんですか？
リチャホ：目の前で土下座したら次の日来なかった。しないといけない雰囲気になっちゃって…。
あくの：営業マンのバックレは普遍的ですね。
ツーブロ：（そりゃ案内行くぞ！って肩で風切って出ていった先輩が草むしりしてたら人生考えますよね）
かずお：伝説のバックラーだ。
はと：昼飯買いに行って永遠に帰ってこない新人がいました。まだ迷ってるのかな弁当？投資系だとコンサルティング営業だと思って入社する人いますよね。実態はもしもし電話なのに。そりゃ現実１日３００本電話とかしてたら翌日来たくなくなる。

あくの：なんで小売って採用する時、少しでも会社を良くみせようと嘘つくのかな？
かずお：新卒で配属された上司が初日に白いスーツ着てた時はやめようかと思った。
あくの：白いスーツ…。
かずお：金融メガネにオールバックの見た目完全にインテリヤクザだった。
はと：優しかった面接官が、朝礼で人が思いつく最大限の悪口を怒鳴ってて帰りたくなりました。
あくの：採用した瞬間に態度鮮明にするのおかしいよね。
かずお：豹変するおじさん面接官。
あくの：関ヶ原かよ。
ツーブロ：S●Xするまではものすごく褒める男性と一緒？
はと：殴って抱く。
ツーブロ：ただのDVじゃないですか…。
あくの：殴るタイプのS●X。
かずお：採用はS●X。

弁当

まだ決まんないのかよ！

固定されたツイート

ペンギンちゃん @OTSUKAREpenguin

わたしは不動産営業したことないんで実際の辛さはわかんないけど若い営業クンがおっさん先輩に執拗に罵声浴びせられたり運転中にランダムでサイドブレーキ引かれるなどしていじめられた挙句警察駆け込んでたので、たぶんつらいんだと思います!

#不動産営業マンはつらいよ

かずお：もはやただの嫌がらせｗｗｗ。

ツーブロ：人間の質が悪くないですか…。

はと：「お客様にそう運転するのか？」っていう名目でのいやがらせっぽいですね。

あくの：もう不動産会社は若者を採用してはいけない。

かずお：これ自分の立場守るために若い芽摘もうとしてるだけだろ。

はと：優秀な若武者くると自分のポンコツがバレるから。運転してたら背中蹴られたことある？「裏道使えよてめぇ！」みたいな。

かずお：すごい、そんなことしていいんだね。

ツーブロ：不動産屋、何個か面接受けましたけど、明確に「うちには差別があるからな」って表明する会社結構ありましたね。

あくの：いい会社だよ、差別あるのを事前に説明するの。
ツーブロ：確かに。入社前に重説してくれてるんですもんね。
かずお：ブラックな職場って、パワハラする側に回ると天国なのかもしれない。法治国家に残された最後の暴力パラダイス。
はと：「駒沢通り通る奴は売れねーよ」っていう狭小住宅のセリフは現場と同じですよ。あと「ナビ使う奴は売れない」って怒られたな。昭和やね。
かずお：ぼくも部下殴ってお金もらいたい。
あくの：殴りたいです。
かずお：文化だよね。
あくの：殴ろうよ。
かずお：殴るのは文化。その文化がないところに持ち込むとすぐに立場無くなるけど。
はと：文化あるところだと「殴ったけど、何？」みたいな。
ツーブロ：殴るのも生活の一部なんだ。
はと：かわいがりです。
かずお：文化だからね。暴力文化圏。
はと：部下が上司殴って警察が職場に来たことあります。1日で捕まったけど。
かずお：スタンガンで部下しばいてたとこも、「え？何がいけないんだろ」ってなってたと思う。「うちのやり方はこうなんだよ！」って。
あくの：親鳥が殴ると子アヒルも殴るようになる。
ツーブロ：身体に染み付きすぎ。家庭ではそういう人ってどうなんだろ？ やっぱり殴るS●Xしてるのかな…。

固定されたツイート

つばさ @linecross0102

東京ブロックの頭脳と呼ばれるマネージャー陣が結集し会議室で2時間、どうしたら組織を成長させ、お客様を幸せにして社会貢献し、また自分自身のみならず社員や社員の家族を幸せにできるか真剣に考える機会が与えられ結論が出た。

「営業の行動量が少ない。増加させよう」

#不動産営業マンはつらいよ

はと：脳筋。

リチャホ：会議の中間省略だ。

あくの：まあ、でもそういうのありますよね。数字出てない時って大抵youtube見てたら夕方になってるとかでしょ。

はと：リーマンショックの時、反響が全くなかったからずっと飛び込みしてました。

かずお：Dの仕入れは自分の仕入れた物件で責任取らされてた。仕入れが突然営業に移動させられて、近所の団地ピンポンして回る。

ツーブロ：最後はマンパワー。

はと：直接会えるからね。ソリューション。

リチャホ：今でも飛び込みしてる。

かずお：でも100件回ると2〜3件は見込みいるんだよね。

はと：真面目にやる人としない人如実に現れるよね。

リチャホ：なんか話もらえますよね。隣はすぐ飛び込みます。

はと：俺も飛び込みから売ったことある。

ツーブロ：それが成果に繋がったりしてしまって、「それ見た事か！」と上が調子に乗るから良くない連鎖が終わらない気がします。飛び込みの輪廻から出られない不動産営業。

あくの：何にもしないで俺の仕事論語るよりは100倍生産性ある。

かずお：成功体験が行動量パターンしかない、とも言える。

かずお：「飛び込みは宣伝費いらない」って結論になるとヤバいすね。宗教。でも確かに、文句垂れてる暇あったら電話したり飛び込んだ方が数字につながるんだよな…。

ツーブロ：ほんとそれです。

はと：何か産まれるからね。

ツーブロ：ナンパと同じ思考なのかな？

かずお：量が質を凌駕する。特にリテールだと、買えないいって思い込んでるお客さんが一定数いるんで、広告宣伝いくらしても届かない人いるんだよね。こういう人には押しかけるタイプのサファリパークじゃないとだめ。「あなた買えますよ」って言うと「え？そうなの？」ってなる。

はと：うちの父も新築マンション電話営業で買ったわ。無職なのにローン通してくれたｗｗｗ。

リチャホ：うはははは。

はと：大技林の家で暮らしてます。

かずお：どういうことだよｗｗｗ。

はと：生まれも育ちも大技林。

あくの：大技林の家なんだ。

はと：全部販売会社がつくってくれたんだよ。

かずお：生粋だ。

あくの：主人公だ。

はと：なお計画倒産した模様。

固定されたツイート

泪橋不動産 @namidabashi_re

僕を採用した人事部長と課長と担当者が、入社前に全員退社していた。
最初の配属先の部長と課長と係長と主任と先輩と同期が、1年以内にみんな辞めた。

#不動産営業マンはつらいよ

かずお：わははははｗｗｗ。
リチャホ：ひとりぼっちだ。
野球：僕の担当者、入社１か月で辞めました。
ツーブロ：誰を頼って仕事すればいいんだろ…。
あくの：採用って誰かが辞める時ですもんね。
野球：プロ野球みたい。
ツーブロ：「じゃあ次はお前頑張れよ」ですか？
はと：人事ところてん。
かずお：人入らないと辞められない。押し出し式。
はと：入った途端に先輩辞めたなー。生贄みたいすね。
かずお：辞められるタイミングってありますもんね。
はと：新人見つかるまで転職禁止でした。
ツーブロ：生贄式の会社かぁ。
かずお：人足りない状況で辞めるって言ったら無茶苦茶慰留されるもんね。
ツーブロ：そういうもんなんですね。
はと：条件は変わらずだぞ。
野球：慰留って頭数足りてるとされないらしいですよ。
リチャホ：今は人取れないから相当キツイだろうなぁ…。
ツーブロ：あー。
野球：営業つらい。慰留されてるのに条件変わらず。

固定されたツイート

5fret(ごふれっと)くん @5fret

区役所1階の戸籍課で離婚届を提出したその10分後、6階の建築指導課で担当物件の調査を始めていたつらい想い出。

#不動産営業マンはつらいよ

ツーブロ：フランクすぎる。

野球：仕事だから。

あくの：もうだいぶ境目おかしくなってますよね。

リチャホ：調査するついでにちょっと寄ったのかな。

はと：カジュアル。

あくの：なんか不動産営業マンって仕事に比重を置きすぎることが、結果本人をつらくさせてるんじゃないのかなって思うことがあります。

はと：5fretさんがこのとき調査した物件、実は再建築不可で「物件も違反かい！」ってなったらしいです（この話作りました）。

人生みんな楽しいすか？

あくの：（こたえられない）

リチャホ：ギリ楽しい…。

ツーブロ：楽しいけどやっぱり仕事ありきかも。皆さんトラブル嫌いなくせに、トラブル起きると腕振り回しながら走っていくじゃないですか。ストレスすら楽しめる気がする。

リチャホ：胃がキリキリしてないと仕事してる気がしないっす。

はと：人生賭けてるから生きてる感強いすけど、最近つらい。契約ない時、買い付け飛んだ時、解約になった時、魂なくなる。俺も朝胃がキリキリして起きます。

野球：仕事してないな〜。

固定されたツイート

はとようすけ @jounetu2sen

警●からの反響

#不動産営業マンはつらいよ

あくの：逃げれてないけど大丈夫？

はと：大丈夫です。謝りました。「仕事だから仕方ないしわかるけど、住民から言われるとさ、こっちも電話しないと」と言われて謝りました。

あくの：みんな切実なんだよなあ。お巡りさんが「わかってるよ、しかたがないよね、でも、うちも仕事なんだな」って。

野球：う〜ん、仕事ですもんね。

はと：警察の電話番号末尾は１１０なんすよ。出たくない。

野球：知らなかった。

はと：クレームがくるのは意識高い系の町が多かったすね、田園調布、代々木上原とか。

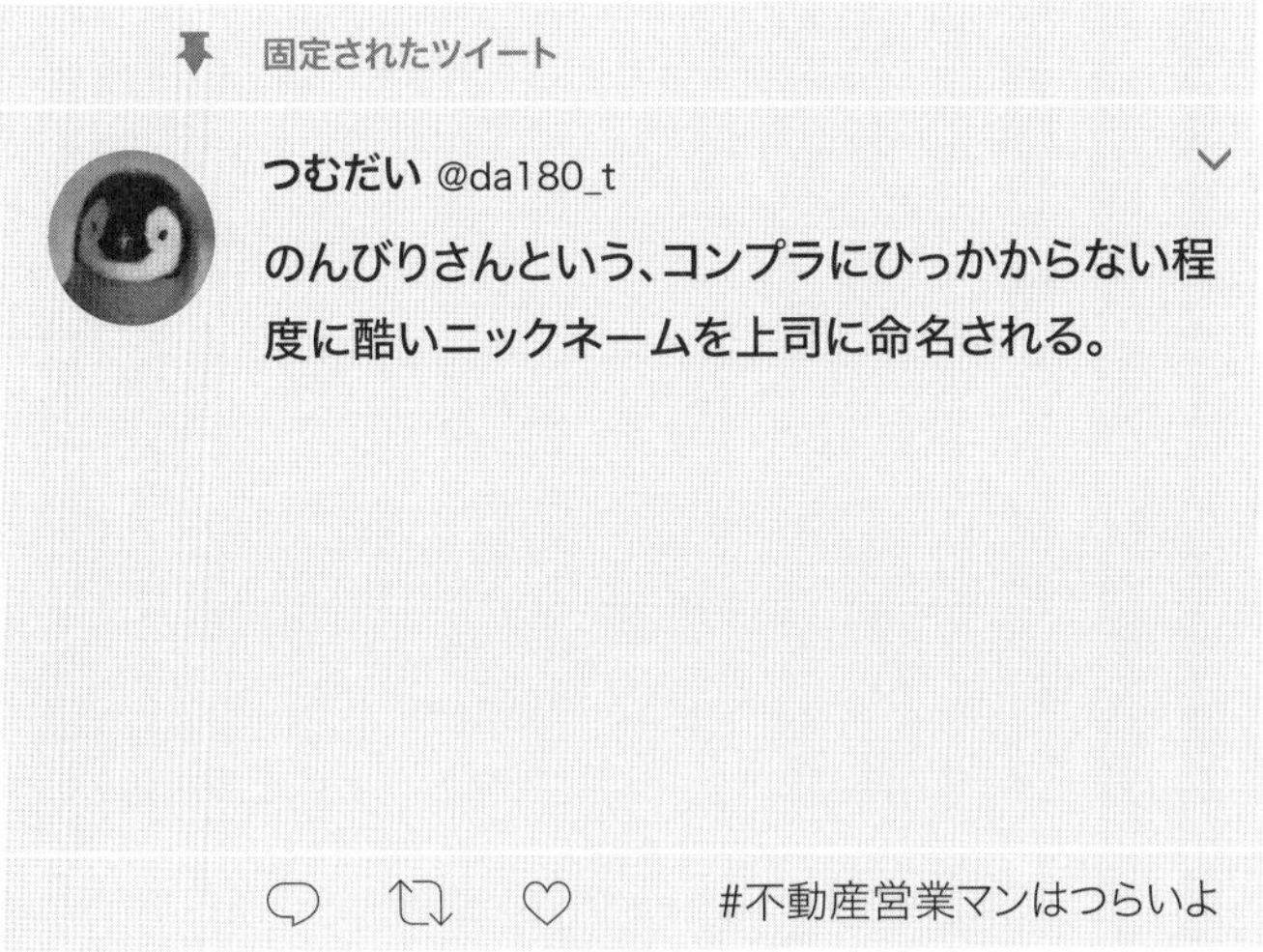
固定されたツイート
つむだい @da180_t
のんびりさんという、コンプラにひっかからない程度に酷いニックネームを上司に命名される。
#不動産営業マンはつらいよ

リチャホ：うははははwww。お腰が重いタイプのブローカーですね。

はと：あだ名つけられて辞めるやついますね。

あくの：皆さんの会社にいたひどいあだ名の営業マン教えてください。

ツーブロ：この前辞めたやつ「ひょっこりはん」でしたね。いつも物陰から伺いつつ数字はしないっていう。

野球：「未完の大器」みたいな意味なのはよくありますよね。

リチャホ：会議中屁をこいただけで「スカンク」と呼ばれた先輩がいました。

はと：www。

ツーブロ：小学生www。

野球：営業マン関係ないwww。

あくの：アタマ使って表現してね。アタマ使えない人はいますぐポスティングに向かってください。

かずお：マルチやってんのがバレて、「ア●ウェイ」って呼ばれた奴いた。

あくの：ア●ウェイいますね。

かずお：いるいる。

ツーブロ：新築戸建、土地のままで売ったときはマイムって呼ばれましたね。あれは悪口ではないし。

かずお：寮の廊下でパットの練習してて「プロゴルファー猿」とか。

あくの：ポスティング行ってきてほしい。

ツーブロ：あだ名どころか数字入ってないと部長から「あれ？お前誰だっけ？」って故意に忘れられます。

リチャホ：毎年年末に1件だけで目標達成する先輩が「年末ジャンボ」って呼ばれてた。

あくの：ジャンボいいね！

はと：「仮病」とかかなー。月末いなくなるから！

あくの：表面3％（注1）とか会社で「表面」とか呼ばれてて欲しい。

はと：名前呼ぶのもセンスすよね。

注1　表面3％
@gross3per
父親の家業が傾斜したので自宅を担保に親族から融資を受けた所、返済に行き詰まり担保を召し上げられて、そこから賃料として親族に借り入れを返済するタイプのリースバック生活に突入。親族からの相続が発生し現在の所有権は母親に移るという稀有な人生の父親を持つエリートサラリーマン。なおリースバックにおける支払い賃料の利回りは表面で3％。

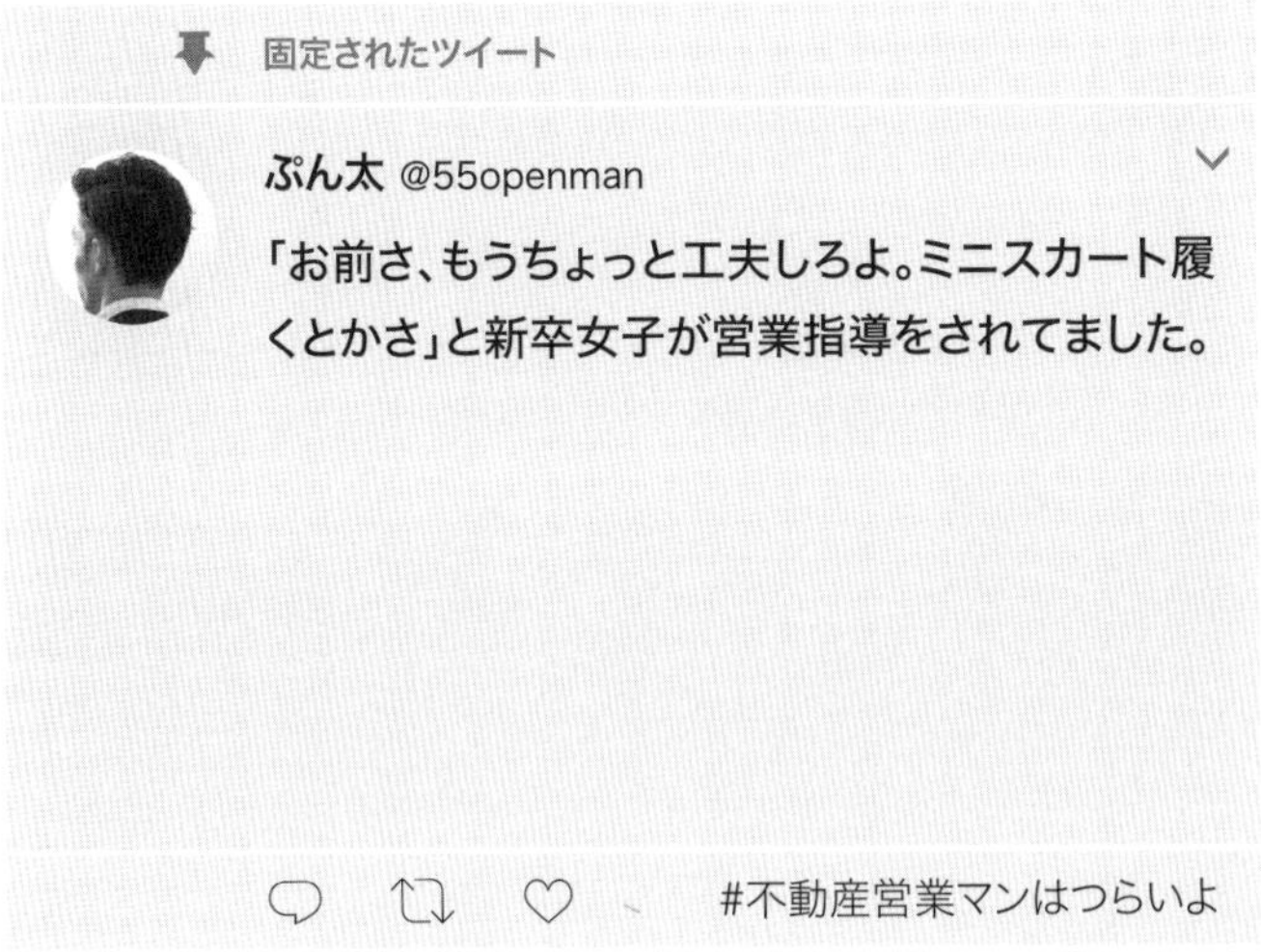
固定されたツイート

ぷん太 @55openman

「お前さ、もうちょっと工夫しろよ。ミニスカート履くとかさ」と新卒女子が営業指導をされてました。

#不動産営業マンはつらいよ

あくの：パンパンのタイトスカート履かされてる子いますね。

かずお：自ら際どい格好になっていくのもいますよね。

リチャホ：足を組み替えるだけで賃料を５００円/坪下げてくる若手がいました。

ツーブロ：枕営業一歩手前じゃないですか…。

かずお：なんか、半分くらいセンス死んでる女いる。

ツーブロ：女を捨てるか、女を活かすかで数字もその後も変わる気がする。

はと：エロいと依頼したくなる。

あくの：●リックスの女子が可愛かった記憶ある な。ラブホテル査定してもらった。

はと：ハイヒールで色々試して欲しい。

あくの：次もセクシーな内容。

固定されたツイート

????

女の先輩が内見中部屋の中で客のオッさんに「身体があったまる良いヨガのポーズ教えるよ！」と言われ、段々密着してきて最終的に勃起してた。

#不動産営業マンはつらいよ

あくの：ひどくないすか。勃起したおっさん案内するのつらすぎない？

リチャホ：絶対決まらない。

はと：「不動産業界はクソ」って書かれても仕方ない。

ツーブロ：つらい、前かがみで内見してるの可哀想。

あくの：あれ？でも、これって客がセクハラ仕掛けてるケースなんじゃない？

ツーブロ：ほんとだ。最低だ。

かずお：勃起しながら堂々と案内される客。性癖ですね。

あくの：ところで、勃起したままポスティングしてるとどうなるの？

ツーブロ：結構ポストの上下に動くから最悪出ますね。擦れて。

リチャホ：出るの？

はと：出ちゃうか。

あくの：出るんだ。

ツーブロ：出るかもしれない。ポスティング、イってきます！

あくの：殴っていい？

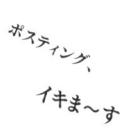

固定されたツイート

あくのふどうさん @yellowsheep

道中で失禁したおじいちゃん売主をそのまま契約に連れてくる地場のおっさん。

#不動産営業マンはつらいよ

かずお： おじいちゃんは失禁するｗｗｗ。しかもグレーのスウェット着てたりするから目立つんだよね。ちょいっとシミになってる。

ツーブロ： ぜったい判断能力ない。

あくの： 事務所でパンツ捨ててタオル巻いてさ…。一回帰ろうよ…。

かずお： 大家の息子が失禁しながら家の周り歩いてて通報されてた時はマジで笑った。不審者情報で携帯に送られてきたのが完全に大家の息子。

あくの： それかなり大丈夫じゃないと思う…。

かずお： 大地主の息子だとポーッとしちゃうのかな。

はと： 働かないと緊張感ないからね。

あくの： ぽーっとするとおしっこゆるんじゃう。下の話が止まらない。

固定されたツイート

ぷん太 @55openman

「夏は涼しく、冬はあたたかい家」って資料に書いたら「ウチの物件、この逆だから。これは書いたら後で問題なる」と上司に怒られました。

#不動産営業マンはつらいよ

かずお：断熱の概念を取り払った家。自然派？

あくの：これ丸の内ぽいほうから怒られたりしませんかね。あと東京ドーム何個分もつくってる産業からも。

リチャホ：うち逆なんだけど…。

かずお：夏暑く冬寒いの？

リチャホ：僕の部屋は空調ないから年がら年中灼熱です。

かずお：わははははは。

リチャホ：ちっちゃい窓だけ。

かずお：たらいに氷入れておけばいいんじゃない？

ツーブロ：もう家なんていらない。みんなテントで暮らしましょうよ。

野球：2畳って表記はWICですか？

リチャホ：表記なんてあったかな…。

はと：PSじゃない？

あくの：PS。

はと：子供が小さくなりそう。

ツーブロ：上げるか悩んだんですけど…。

（ここでツーブロ氏消える）

あくの：ツーブロ死んだのかな。やられたのかもしれない。

かずお：ダイイングメッセージっぽい。

リチャホ：殴られたのかな…。

（ここでツーブロ氏戻る）

ツーブロ：これ。

リチャホ：私の部屋より広い。

かずお：キャンプやんけ。ロースタイル。

はと：いい部屋やん。

あくの：カーテン星屑やんけ。

はと：エヴァンゲリオンwww。

ツーブロ：嫁の実家が、停電して猫を避難させなきゃ！ってなったらしく…（私は帰ってなかった)。

あくの：ロマンチスト。

ツーブロ：私の趣味部屋にさせてもらっていたんですが、先の台風による停電で3日ぶりに帰宅したらこうなってました。猫に部屋取られた。

はと：全然つらくない。

リチャホ：プラネタリウム。

あくの：家具どこいったの？

ツーブロ：物置部屋にごちゃーって。

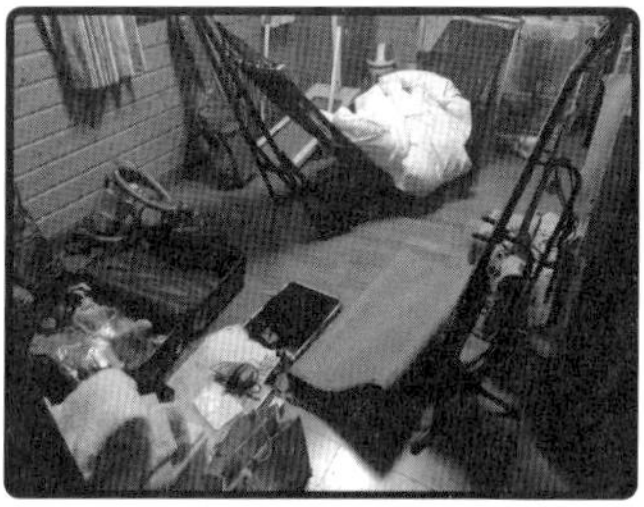

リチャホ：部屋小さくなってる。つらいな…。

かずお：義両親にも冷たくされてんだな…。

あくの：家族から権利関係調整されてない？

かずお：猫の方が立場上なのかな。

ツーブロ：猫の方が人権高いです。あ、にゃん権か。すいません、愚痴でした。

固定されたツイート

早川 @AD300_

課長は少し天然だけどめちゃくちゃいい人

売上的にもエースで、自分の作業も忙しいのに、熱心に丁寧に何でも教えてくれる

熱心に熱心に教えてくれる

熱心に熱心に、休憩時間が無くなる程に

丁寧に時間をかけて教えてくれる

夜23時になっても

丁寧に丁寧に教えてくれる

#不動産営業マンはつらいよ

ツーブロ：つらいやつｗｗｗ。
かずお：遅漏タイプ。
あくの：メモ帳2週間でパンクするやつだ。
かずお：まぁでも相性もあるからね。
リチャホ：長くやる美学の人いますよね。
かずお：そういうのが噛み合う新人もいる。
ツーブロ：弊社の所長でそのタイプいましたが、無事●ニー不動産へ転職かましてました。
はと：いい先輩やんけ。鬱陶しいけど。
ツーブロ：鬱陶しい通り越して頭おかしくないですか…。
はと：そんな先輩欲しかったよ。俺は聞く回数決められてたから。
あくの：殴ろうよ。
はと：テレビみたいに殴れば直るのかな。
リチャホ：あくのさんも暴君になってる。

はと：会社によっても文化ありますよね。全員敵ってところもあればアットホームな職場もあるし。
あくの：チームかプレイヤーかってやつですね。
ツーブロ：個人個人はプレーヤーだけど、事務所単位になると急にチーム感出してくるのやめて欲しい。
リチャホ：全員敵だし、部下がつくと自分の時間が減るからって、新人は野良犬にされる会社で働いてます。

はと：無能先輩が後輩に教えてたら「てめぇ、売れねーくせに売れないように新人仕向けるか！」っ怒られてたな。数字奪うかじり虫しかいない会社もあります。

あくの：こういう教育を迷惑と思うか、ありがたいと思うか、本人のやる気によるんでしょうか？

ツーブロ：やる気とか関係ないです。教える側が気持ちいいだけ。

かずお：上司の長話って、若い頃は聞いてられるけど、年取ると無理になってしまった。

固定されたツイート

はとようすけ @jounetu2sen

通常、内覧時間は1つの物件に検討出来なければ長くて30分、短いと5分なんです。3時間近く内覧し、
建物
家具
近隣
条件
を確認し、売主も決まるかと喜んでる様子。物件を出て買主一言『駅から遠いからないね』

#不動産営業マンはつらいよ

あくの：ラストを飾るにふさわしい。
かずお：最初からわかってただろ!!
ツーブロ：マイソク見た時点で気がつけよ！案件。はとさん悲しい…。
はと：これは俺。もう無理。精神病む。
かずお：モデルルームマニアみたいなテンションで来てるのかな。人の家なのに…。
ツーブロ：物見遊山な人いますよね。
リチャホ：時給0円。
あくの：売主が仲介と買主をロックしたけど、1ミリも販売効果のない好例。●井の●ハウスのオペレーションマニュアルに掲載してほしい。
はと：人の気持ち弄ばないでほしい。買わない人案内つらくなってきたよ…。
ツーブロ：こないだ案内したお客さん、「家買ったばかりなんですけど、うち買って正解だったなーと思いましたｗｗｗ」とか言ってて燃えて欲しかった。土地に変なプライドある人は自分の選択をこうして肯定するのかなって。みんな自分の選択が確かだったと思い込みたいんでしょうけど…。
かずお：ひどいｗｗｗ。住んでるときに内覧こられるの結構ストレスだよね。
はと：掃除するしね。でも居住中の家はなかなか決まらないんすよ。
かずお：居住中決まんないよね。
はと：やっぱ遠慮するし。部屋の中見れない。
かずお：人住んでるとなんか臭いもあるし。家具あると狭く見えるしね。
はと：寝たきりのおばあちゃんがいる家の案内はつらい。部屋から出てこない引きこもりがいる部屋つらい。

あくの：そんなのもあるんだ…あるよね…。

かずお：おばあちゃんが寝てる部屋で押入れ開けたり閉めたりしてほしい。

あくの：引きこもりって家を出た後にこっち見てるときない？

かずお：家庭内占有。

ツーブロ：私が初めて契約した物件にも寝たきりのおばあちゃんいました。案内する側としてはデリケートな部分なんで気を使います。

野球：ぼく、住んでるとき内覧で売れたんですよ。キャビンアテンダントが買いました。

ツーブロ：CAが家に来るとか誉ですよね。

あくの：お父さんが売りたがってるのに代わりした息子が粘ってる商店とかあるよね？

ツーブロ：ありますね。なんの意地なんだろう。

はと：家族の反対で売るの辞めるなら初めから売らないで欲しい。内覧3時間も買わないなら帰ろう…。

あくの：お父さん2億円ほしいのに、息子が今月の100万円にこだわる。

ツーブロ：アホすぎる。

かずお：まあ、時間の流れゆっくりな人いるからね…。営業マンの僕らが時間に追われすぎなのかもしれない。

ツーブロ：先日契約した案件ですが、売却後1億円以上手元に残るけど、奥様がぽつりと「もう少し早く売ってくれれば良かったのに、こんなおばあちゃんになってからこんなにお金が入っても何もできないわよ…」って言っていたのは印象的でした。

あくの：早いに越したことないですよね、なんでも。

はと：解決しても、また同じような時間ゆっくりさんが現れて、「数年以内に買いたい」と言われるんですよ。数年以内を何回かやったら俺死んじゃう…。

第7章

不動産女子あるある言いたい〜！

あるある

元不動産女子が

不動産女子あるある言いたい〜！

世の中には二種類の人間がいる。俺か、俺以外か…。ってそれはローランド。ではなく男か女か。今までの章では〝つらい不動産営業マン〟について、ツイートを筆頭に、転職相談からつらいお部屋紹介、つらい着こなしなど、たっぷりとその悲哀について触れてきたが、ここでは元不動産女子たちに〝あるある〟を教えてもらった。その結果判明したのは「不動産女子たちは、けっこう不動産営業マンを細かくチェックしている」ということ。〝こんなことをしたら嫌われる〟なんて話もあるので、心当たりのある人は気をつけた方がいいかも知れませんよ〜。

会社員
葉月さん

会社員
奈々聖さん

あるある その1

「元気？」とか言いながらさり気なくボディタッチしてくる

葉月：これね〜。上司もあったけど、会社に出入りしてる業者のおじさんとかも多かった。ベテランの。新人のころはやられてた女子が多かった印象かな。「おはよう！」とか「元気！」とかすれ違いざまにサッと。

奈々聖：業者のおじさんとかある！ウチの会社はコンプライアンスが厳しかったので、社員がこんなことやったら即アウト！

葉月：ウチの会社も今は超厳しくなってるみたい。世の中的にもセクハラとかパワハラとかは〝炎上〟しやすくなってるからね〜。

奈々聖：心当たりある人はご注意を！

あるある その2

男友達にびっくりされるくらい車の運転が上手くなる

奈々聖：これは大学の1個上だった先輩の話なんだけど、先輩は不動産売買の仲介営業だったので、お客さんを物件まで車で案内したり、物件を調査する仕事が多かったの。大学入学で上京したから道とか全然詳しくなかった…。

葉月：今だとお客さんはなかなか買わないからね。たぶん色々な物件を案内してるはず。

奈々聖：まさにそう。決めるまでに時間がかかるお客さんが多いから、案内も多くなってどんどん運転が上手くなっていったみたい。今では都内ならナビなしでも大丈夫なくらい。男性も顔負け。縦列駐車も完璧だってｗｗｗ。

あるある その3

なぜかほぼ毎日、マンツーマンのミーティングを入れられる

葉月：外資とか「1on1」のミーティングが多いとかって聞いたりするけど…。意味不明なミーティングってあるよね。じつに実りのない打ち合わせが…。

奈々聖：「1on1」だと意見が言いやすいっていうメリットもあると思うんだけど、無能な上司とのミーティングは地獄。さすがに週5は無かったけどね。

葉月：ミーティングもそうだけど、ランチとか仕事終わりの飲みの誘いも多くて困る。

奈々聖：仕事終わりはキツイよね。私は意識的に彼氏の話とかをして誘いをかわしてたな…。

週5…
鼻の下伸びすぎだし…
びよ〜ん
もぞもぞ
もぞもぞ

あるある その4

めっちゃモテる（うれしくない…）

葉月：基本的に不動産業界、とくに営業なんてそもそも女子が少ないよね。前の社は割合が男8：女2くらいだった。

奈々聖：私のところもそのくらいだったかな？ いや男9：女1くらいだったかも。

葉月：モテるのはうれしいんだけど…。

奈々聖：相手にもよるよね。あっ、前の会社は社内不倫が多かった！

葉月：「社内恋愛」じゃなくて「社内不倫」。

奈々聖：やっぱり今どきの不動産営業マンって「ゴリゴリ」してるタイプも多いから、女性に対しても積極的なんだろうね…。

あるある その5

（元）同僚や顧客にストーカーされる

奈々聖：「モテる」を通り越してるんだけど、「ストーカー」って…。ちょっと引くレベル。

葉月：前の会社で同僚っていうか辞めちゃった人にストーカーされてた子がいた…。その子も病んじゃって会社辞めてた。

奈々聖：それ最悪だね。私の知り合いの人は、会社の人じゃなくて顧客からストーカーされてた。あと前の会社の営業マンも、一度案内をしたことのある女性客にしつこくメール送ってて辞めさせられてた。コンプラ厳しかったのにバレないと思ってたのかな？

葉月：「不動産営業マン」ってつらいね…。

あるある その6

プライベートがおっさん化してくる

奈々聖：会社的に男性が多いし、年齢が上の人も多いから、チームの飲み会はどうしても居酒屋系多くなるよね。嫌いじゃないけど。

葉月：女子同士で飲むよりも、むしろ気を使わなくてよかったりするのでいいよね。

奈々聖：気使えよ！ｗｗｗ。

葉月：いや、もちろん使ってるよ！ｗｗｗ。

奈々聖：私なんて、プライベートでも居酒屋とか全然行く。っていうかチューハイとか買って「家飲み」する機会も増えちゃった。

葉月：ウケるｗｗｗ。奈々聖がどんどん〝おっさん化〟してる原因はそれだったのか！

第8章

つらい不動産営業マンにならないための9つのQ＆A

Question

宅建取るより役に立つ!? つらい不動産営業マン回避のQ&A

人生、金か死か。つらい不動産営業マン宛にメールが届く。「ちっ、他決だ…」。もう鬱になりそう…。そんなつらいことだらけの不動産業界だが、〝つらい不動産営業マン〟にならないためにはどうしたらよいかを、本書に登場する勇者たちに対処法を紹介いただいた。タメになる答えが乱れ飛ぶｗｗｗ。これでもう〝つらい不動産営業マン〟ともお別れ！ ん、できるのか？

1. **数字が足りない月末はどうやって乗り越えるといいですか？**

2. **上司が納得するサボりの言い訳はないですか？**

3. **数字はでるけど、取引に罪悪感を感じたくない時はどうするといいですか？**

4. 家族や恋人から私（たち）との時間をとってと言われたらどうしてますか？

5. 契約寸前の顧客が勝手な事を言いだした時はどうするといいですか？

6. 儲けの薄い取引はどうやってモチベーションを保てばいいですか？

7. 会社に行きたくない時にベッドから起き上がる方法はありますか？

8. 取引の際に相手からキックバックを要求された時どうやって対応してますか？

9. 時間を使って案内した顧客が他決した時はどのようにしてますか？

Answer

あくのふどうさん

1. 数字が足りない月末はどうやって乗り越えるといいですか？

机でうつむいて亀になってください。

2. 上司が納得するサボりの言い訳はないですか？

何を言っても納得してくれないので、ブッちぎって野外のフェスに行くと、もう戻れないので、そこから「今日休みます」と電話してみてください。何を言われても「もう山の中だし」、「夏だから」と回答しましょう。多分馘首になった原因はこれだと思います。

3. 数字はでるけど、取引に罪悪感を感じたくない時はどうするといいですか？

これはいける！と思ったので3社アンコに4社目を引き込んで、おじいちゃん元付の手数料割合を減らして下さい。税制的に恵まれない世代への所得移転だと思うと心が痛みません。

4. 家族や恋人から私（たち）との時間をとってと言われたらどうしてますか？

夕方に友人業者に内見に来てもらってその

ままNRにすれば大丈夫です。これも馘首になった原因だと思います。

5. 契約寸前の顧客が勝手な事を言いだした時はどうするといいですか?

まず話を聞くしかないのですが、大体がそれまでの経緯がなかったかのようなロジックをねじ込んできたりします。数年後、それはとてもいい思い出になるケースがあるので、それもこの仕事の醍醐味だと思ってください。

6. 儲けの薄い取引はどうやってモチベーションを保てばいいですか?

モチベーションが死ぬ取引をしてはいけません。

7. 会社に行きたくない時にベッドから起き上がる方法はありますか?

会社の隣に引っ越すと向こうから会社が来るので便利です。

8. 取引の際に相手からキックバックを要求された時どうやって対応してますか？

これはシリアスな問題なので書面には残せないのですが、基本的にはその誘因者がどの程度その取引においてキーとなっているか質問を投げかけることです。たまに初対面でKBを要求する別業界の業務上横領示唆マンがいます。これは話はあるけど、本人の実力がバランスしてないタイプのフェイクです。例えば、お客さん紹介するので1R売れたら紹介料とかもらえますか？と言う税理士がそれに相当します。逆に大●建託を絶賛するタイプの税理士は信用できます。

9. 時間を使って案内した顧客が他決した時はどのようにしてますか？

これ本当にツライですよね…。でもTLはいつもあなたのそばにいます。「他決なう。酒チャンスありませんか？」これです。次いきましょう。

Answer

峰不二夫（ツーブロちゃん）

1. 数字が足りない月末はどうやって乗り越えるといいですか？

何がなんでも今月1件！という気持ちで既存の売主に殴りかかって業者買取でまとめます。ほんとダメなときはとりあえず外出て仕事してるアピール。

2. 上司が納得するサボりの言い訳はないですか？

どうしても売上さんが家まで来てほしいって言ってまして…みたいな感じで遠方の訪問。朝イチ銀行と打ち合わせでしてー、って感じで寝坊。

3. 数字はでるけど、取引に罪悪感を感じたくない時はどうするといいですか？

ワールドイズマイン、の思考で私がいるから買えるんですよ？私が貴方の1番の良き理解者です！と宗教に走ります。割合を減らして下さい。税制的に恵まれない世代への所得移転だと思うと心が痛みません。

4. 家族や恋人から私（たち）との時間をとってと言われたらどうしてますか？

時間とってとか言われないから問題なし。

モーマンタイ。死にたい。仕事優先です。売主さん、買主さんにとって唯一の頼りが私です、と教育しているので応えられるようにしてます。

5. 契約寸前の顧客が勝手な事を言いだした時はどうするといいですか?

法律を盾に「お前それ違約やぞ?」と詰めるか、人としての在り方を滔々と問うて、しまいにはキリストはこう言っていました…みたいなよう分からない世界観でぶん殴ります。

6. 儲けの薄い取引はどうやってモチベーションを保てばいいですか?

今月1件もやってないし「まぁまとまるならええか」のスタンスでお金になろうがならまいが別にいいかなーって気持ちでフラットにやってます。

7. 会社に行きたくない時にベッドから起き上がる方法はありますか?

最近、産業医面談で休むことをオススメしますと言われてます。それでも数字をやり続けたいってプライドだけで立ってる。もう無理。

8. 取引の際に相手からキックバックを要求された時どうやって対応してますか?

逆転の発想で「御社から出してくださいよ。そんでそれ折半しましょｗｗｗ」と身銭を切ることなく求心力を高めています。基本バック要求してくる奴は問答無用で出禁。

9. 時間を使って案内した顧客が他決した時はどのようにしてますか?

「あぁ、よいご自宅が見つかって良かった

ですね。我々はいつでも貴方の味方です。売却されるときは誠心誠意対応させていただきますので、ぜひお声がけください」って言ってあわよくば住所聞いて勝手に引越し祝いの花送ったり、手数料割引！今売れ！みたいなDMを送ってます。

Answer

かずお君

1. 数字が足りない月末はどうやって乗り越えるといいですか？

なんで数字が足りないのか。急に足らなくなるわけじゃねーだろ。本当は月初の時点で「今月やばい」ってわかってたんだろうが。「それなのにそれを解決する努力をひと月放棄してました」って言えよ、なあ。

2. 上司が納得するサボりの言い訳はないですか？

お前昨日何時間寝たの？なあ、やたらスッキリした顔してるけど。俺に言い訳してる暇あったら電話かけたら？なんでさっき昼飯食いに行ってたんだよ、なあ。31日の23時59分まで諦めんじゃねーよ。

3. 数字はでるけど、取引に罪悪感を感じたくない時はどうするといいですか？

数字が上がるのに罪悪感を感じる、の意味がわからない。お前から商品買ったら幸せになると思ったから買ったんだろ？最後まで堂々としてるのが営業のつとめだろうが、なあ。

4.　家族や恋人から私（たち）との時間をとってと言われたらどうしてますか？

数字の乱れは心の乱れ、心の乱れは家庭の乱れ、家庭の乱れは社会の乱れ、社会の乱れは国の乱れ、国の乱れは宇宙の乱れ。寝言は数字上げてから言えボケ。

5.　契約寸前の顧客が勝手な事を言いだした時はどうするといいですか？。

ちんたらやってからそういうことになるんだよ、トゥデイしろよ、トゥデイ！なぁ!!

6.　儲けの薄い取引はどうやってモチベーションを保てばいいですか？

てめーはボランティア団体にでも勤めてんのか？うちは高収益高成長ベンチャーなんだよ！早く次電話しろよ！

7.　会社に行きたくない時にベッドから起き上がる方法はありますか？

今から迎えに行くわ。

8.　取引の際に相手からキックバックを要求された時どうやって対応してますか？

上司に相談してください。適切に対応します。

9.　時間を使って案内した顧客が他決した時はどのようにしてますか？

「そいつが不幸になりますように」と強く願い5秒で忘れ次の架電をしろ。

Answer

リチャードホール

1. 数字が足りない月末はどうやって乗り越えるといいですか？

どう足掻いたって気持ち上がらないんで、達成しそうな同僚の案件の概要書みて、「飛べ！流れろ！」って叫びましょう。仲間増やせば大丈夫。つらいのは自分だけじゃないんだ。

2. 上司が納得するサボりの言い訳はないですか？

このビル買って！とエンドレスに飛び込み営業してたら、変な事務所突入しちゃって軟禁されちゃった…でいきましょう！実際あるし、リアルでしょ。ねっ。

3. 数字はでるけど、取引に罪悪感を感じたくない時はどうするといいですか？

売却に限った話になりますが、法人の場合は価格より売却後のリスクヘッジが出来るかが重要です。3為でも4為でも即転でも売主に売却後リスクがなければオールオッケーです。担当者が幸せになればいいんですよ。いっぱいもらった手数料でどんちゃん接待してあげたら担当者嬉しい！私も嬉しい！

4. 家族や恋人から私（たち）との時間をとってと言われたらどうしてますか？

一緒に物件の下見行って、「ここの空いてるとこ何が入居したらキミは嬉しい？　率直な意見聞きたいな」って話すんです。デートですよ、デート。何も知らないからクソみたいな意見放つんで全く採用しないっすけど、一緒に時間を過ごせばみんなハッピーです。

5. 契約寸前の顧客が勝手な事を言いだした時はどうするといいですか？

聞き役に徹しましょう。何か原因はあるんで…ちゃんと話しを聞いたあとに、「私めっちゃ困るんで〜！」って絶叫して土下座しましょう。もう情に訴えるしか術がないけど、土下座されたら人は一瞬ひるむから、チャンスは一瞬です。

6. 儲けの薄い取引はどうやってモチベーションを保てばいいですか？

物件とかお客さんとこの近くに好きなお店や好きなメンエス見つけましょう。成約のために仕方なく通うんだからな！

7. 会社に行きたくない時にベッドから起き上がる方法はありますか？

MGMTのKidsかThe Chemical BrothersのSwoonを鼓膜破れそうなぐらい爆音にしてイヤホンで聞きましょう。脳みそプルプルしてぶっ飛べます。

8. 取引の際に相手からキックバックを要求された時どうやって対応してますか？

ぼくのかいしゃそこそこおおきいからきっ

くばっくむりでーす。

9. 時間を使って案内した顧客が他決した時はどのようにしてますか?

素直に「おめでとうございます」と伝えたあと、その物件に決めた理由を担当者から詳しく聞きます。法人の場合、次があるんで。社内のレポートラインの確認とか次に

繋がることがきっとあります。次は「勝機あり!」と感じられたら、ご飯誘って接待しまくりましょう。時間かけて担当者とズブズブになるんです。お酒の場でいろんなヒントもらって、次の攻め方練るんです。PDCAですよ。PDCA。

Answer

はとようすけ

1. 数字が足りない月末はどうやって乗り越えるといいですか？

会社にいると気マズイ空気が流れるので着信があるフリをして会社を出て訪問案内して夜22時頃上司に「今日は結論出ませんでした。力不足です」と報告しましょう。チラシを隠れて撒くか川を眺めてると一日早いです。

2. 上司が納得するサボりの言い訳はないですか？

案内です。着信があったら折り返しが続い

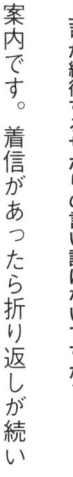

たりすぐ出ないと疑われるので注意ですね。

3. 数字はでるけど、取引に罪悪感を感じたくない時はどうするといいですか?

「お客様がどのような物件でも購入すればそれが一番の幸せ」と思えば、手数料6％出し（但し業法に従ってください）でも、ワケあり物件でも罪悪感は感じません。

4. 家族や恋人から私（たち）との時間をとってと言われたらどうしてますか?

仕事最優先と答えてます。「案内」のため、デートや用事をキャンセルしちゃって別れたり離婚したりって営業マン多いですが、グリップ効いてないんすよ。僕クラスになると恋人にも家族にも放置されてます。

5. 契約寸前の顧客が勝手な事を言いだした時はどうするといいですか?

会いに行って巻き返しクロージングです。何時でも自宅伺います。

6. 儲けの薄い取引はどうやってモチベーションを保てばいいですか?

利益の薄いとか厚いとか関係ないんですよ、顧客にとって。モチベーションは常にあります。契約すればお金頂けるんですよ?最近5000万の両手で買主様ローンショートして「手数料15万でいいから決済してください」と言いました。解約になりましたけど。賃貸売買関係なく何でも契約したいです。

7. 会社に行きたくない時にベッドから起き上がる方法はありますか?

辛い時は中島みゆきの「ファイト!」が頭の中に流れながら起きてます。病気かもしれません。

8. 取引の際に相手からキックバックを要求された時
どうやって対応してますか？

難しい判断です。会社を通して取引先に返した上で個人に歩合や成績がつけばと思ってますが仲介畑なのでキックバック払ったことはないです。貰うのも会社に入れてそこから歩合いただいています。

9. 時間を使って案内した顧客が他決した時は
どのようにしてますか？

「私の力不足で申し訳ございません。ご契約おめでとうございます。良いご縁があり良かったです」とお祝いの言葉を伝えてます。力不足以外に理由がない場合はそうしてます。その結果、数年後に売却する時に覚えていて頂き仕事をご依頼頂いた事もあります。それも他決しましたが。自分が案内や紹介してないのに他決で暴言や冷たくあたるのは筋違いだと思います。

Answer

野球くん

1. 数字が足りない月末は どうやって乗り越えるといいですか？

すいません、10年以上数字持ったことないので忘れました。

2. 上司が納得するサボりの言い訳はないですか？

帰るときは「NR」、友達と酒チャンスするときは「あくの事務所→NR」とか適当にホワイトボードに書けば大丈夫です！

3. 数字はでるけど、取引に罪悪感を感じたくない時は どうするといいですか？

自分が迷っていたらお客様に迷惑、と言い聞かせましょう！

4. 家族や恋人から私（たち）との時間をとってと言われたらどうしてますか？

時間とりましょう！ 世の中、家族と愛する人より大切なものはありませんよ！ 仕事なんていくらでもある！（ない）

5. 契約寸前の顧客が勝手な事を言いだした時は どうするといいですか？

「え？ やめます？ やめましょうか？ 僕、迷ってる人と取引したくないです。僕も忙しいんですよ」と突き放す手法を多く使います。去年1回やりました。

6. 儲けの薄い取引はどうやってモチベーションを保てばいいですか?

ノルマも目標もないのでモチベーションが落ちることはないんですが、数字より、「件数」や「誰とやったか」などの方が大事だと思うようにしています。

7. 会社に行きたくない時にベッドから起き上がる方法はありますか?

ないです。ショートメールで上司に「今日休みます」とだけ送って休んでいます。

8. 取引の際に相手からキックバックを要求された時どうやって対応してますか?

なんか簡単なレポート書いてくれたら業務委託で出します。そうじゃないと難しいと伝えます。

9. 時間を使って案内した顧客が他決した時はどのようにしてますか?

10数年前の新築マンション営業の時くらいしか経験ないいんですが、会って謝ってもらうくらいしかないんじゃないでしょうか。

あとがき

いかがでしたでしょうか。

「お前より悲惨なやつに会いに行く」。

タイトルにあるメッセージ通り、不動産業界の最底辺にあなたよりも悲惨なハゲはいましたでしょうか。何の知恵にもならなかったかと思いますが、これを読んで「あ、ダメだこりゃ…」と感じたら、あなたの家族が不動産業界に就職したい、転職したいと言い出した時に「読んだら1万円あげるから」と言ってこの本を渡してください。

私自身も就職氷河期にぷらぷらしてたところ、アルバイトでこの業界に入りました。その会社は保険や年金の会社負担は1ミリもありませんでした。入った翌月に店長が辞めました。代表者は言います。「30歳になったらお前にも資産の作り方教えてやる」。待ってられません。しこたま遊んでしまいました。

やがて会社を追われ自分で会社（債務で呼吸停止した父親会社から営業譲渡を受けるハコです。）を作ったり、友達から仕事をもらったり（友達仕事ホントに助かりました。）、ファンド（ハコです。）でハッスルするうちに完全にわかったことがあります。

「とにかく高グロス帯の不動産を触れ」。

これです。

もちろん、その世界はあなたが東京カレンダーで見かけるような学歴を持ち、頭の回転が宇宙人の高速販売チンパンジーや、学校の上位カーストとして君臨し続けていたサディスティックなファイナンシャル狼、機嫌を損ねると電話に出なくなる高位のブローカー、株券を刷って現金を創り出す事しかできない増資の司祭者等、怪人たちがフルラインナップで勢揃いしています。あなたはそこで、しこたまサンドバッグになるでしょう。ちょっと怖い人も時々います。

まあ、そういう事なんです。

でも、その場所は低価格帯よりも権利関係、ファイナンス、各種法令等不動産を取り巻く環境全般を広く見渡す事ができる高い視点があり、それはあらゆるタイプの責任ある大きなお金を取り扱いできると言う事を意味しています。

つらい不動産営業マンが自分自身を突破するのはそこです。

あなたたちはチームを組んで、組織を運営する能力に決定的に欠けています。おそらく有報や財務諸表も読めないでしょう。(私もぼんやりとしか読めません…。)

プレイヤーなのです。だったら大きな球場で賢い人に触れつつ、陽の目を浴びながらサンドバッグになったほうがいいじゃないですか?殴られたら殴り方がわかるんです。

そして自分の持ち時間を法外な高値で売りつけましょう。

そうです、実は上の方が人生をひっくり返せるチャンスが多いのです。

きっと、グーパンで殴られ続けて、もうこんなつらいのなら辞めようかな…と思うことがあります。そんな時にこの本を思い出して、読み返してください。あなたよりも悲惨な不動産営業マンたちがまだそこにいます。よかった、ここから離れることができたんだ…。そして、こうならないぞと改めて感じてください。

この本の役割は読む所にありません。愛する家族や友人に渡して悲惨な不動産営業マン人生を回避する所にあります。

最後まで読んでいただいて本当にありがとうございました。

わたしからのお礼の挨拶は以上です。

いずれ、またマーケットで会いましょう。

全宅ツイ　あくのふどうさん

表題部（土地の表示）	余白
書名	不動産営業《ふどうさんえいぎょう》マンはつらいよ
2019年10月25日　初版第1刷発行	
著者	全宅ツイ（ぜんたくつい）

全国宅地建物取引ツイッタラー協会。数百億円の不動産を取引する不動産ファンドの社員から、ルノアールにたむろする無免許ブローカーまでを会員に擁する、不動産業界最大のツイッター集団。業界の裏事情から社会風刺まで、歯に衣着せぬつぶやきで人気を集めている。その保有資産、預り資産、グリップ資産の合計は20兆円を超えると言われている。

発行者	小川真輔	印刷所	錦明印刷	製本所	フォーネット社

発行所	KKベストセラーズ	〒171−0021 東京都豊島区西池袋5-26-19　陸王西池袋ビル4階 電話　03-5926-5322（営業）03-5926-6262（編集） https://www.kk-bestsellers.com/

イラスト　マキゾウ
写真　河田浩明
写真　河野優太
原稿　菊地亮
原稿　廣田俊介
ブックデザイン 阿部泰之

権利部（甲区）　（所有権に関する事項）

順位番号	登記の目的	受付年月日・受付番号	権利者その他の事項
1			
2			
3			

権利部（乙区）　（所有権以外の権利に関する事項）

順位番号	登記の目的	受付年月日・受付番号	権利者その他の事項
1			
2			
3			

 ISBN 978-4-584-13950-9 C0036